Reorganisation

der

inneren Verwaltung Preußens

auf

Grundlage der Selbstverwaltung

vom Standpunkte des practischen Lebens

von

Graf Hue de Grais,
Königl. Kreishauptmann.

Springer-Verlag Berlin Heidelberg GmbH 1871

ISBN 978-3-662-33468-3 ISBN 978-3-662-33866-7 (eBook)
DOI 10.1007/978-3-662-33866-7

Inhalt:

Einleitung.

„Selbstverwaltung" ist das Loosungswort fast aller Partheien geworden. Alle fühlen, daß die Verwaltung lebendiger und wirksamer gemacht werden müsse, daß dieses aber nur dadurch geschehen könne, daß die Bevölkerung zu vermehrter Mitwirkung bei derselben berufen werde.

Die Thätigkeit der Staatsgewalt findet in der eigenen Fähigkeit der engeren Verbände, ihre Angelegenheiten selbst zu besorgen, ihre naturgemäße Begrenzung. Jemehr diese Fähigkeit wächst, um so mehr wird der Staat seine Thätigkeit einschränken, seine ordnende Hand zurückziehen müssen. Dies gilt ebensowohl von der wirthschaftlichen, wie von der obrigkeitlichen Verwaltung.

Es ist nicht zu verkennen, daß unsere heutige Verwaltung diese Grenze nicht inne hält, daß sie ihre Einwirkung auf die Thätigkeit und das Vermögen der Einzelnen und der Gemeinden in einer Weise ausgedehnt hat, die dem heutigen Interesse der Bevölkerung an den öffentlichen Angelegenheiten und dem gegenwärtigen Standpunkte unserer Bildung nur wenig entspricht. Diese Einmischung in zu viele oft in die kleinlichsten Dinge nimmt die Kräfte der Behörden in ganz unverhältnißmäßiger Weise in Anspruch. Sie führt, weil letztere nicht in der Lage sind, die Gegenstände sachlich zu übersehen, zu einem Anklammern an das äußere Formelle, das dem Wesen und dem Zweck der Sache sehr wenig dient. Die endlose Kontrolle wird häufig die Regierten nicht gegen Willkürlichkeiten und Ausschreitungen oder gegen Vernachlässigungen nicht einmal zu schützen vermögen und so ihrem unmittelbarsten Zwecke sich nicht gewachsen zeigen. Sie hat ein weitläufiges langsames Verfahren zur Folge, das eine unmittelbare erfolgreiche Wirksamkeit unbedingt ausschließt und den Sachen zum Schaden gereicht, denen sie nützen will. Sie untergräbt damit nothwendig das

Ansehen der Behörden in den Augen der Bevölkerung und das selbst auf denjenigen Gebieten, wo ihre Einwirkung eine durchaus berechtigte ist. Es will nun einmal nicht einleuchten, daß Fragen von vorwiegend thatsächlicher und praktischer Bedeutung von Männern beurtheilt und erledigt werden sollen, die diesen thatsächlichen Verhältnissen fern stehen und auf praktischem Gebiete nur beschränkte Erfahrungen haben können, während sie weit sachgemäßer, schneller und billiger von der Bevölkerung selbst oder unter ausgedehnterer Mitwirkung derselben besorgt werden könnten.

Die vermehrte Antheilnahme der Bevölkerung an der Verwaltung erscheint weiter als nothwendige Konsequenz des Verfassungsstaates. Einer Nation, die sich Gesetze zu geben vermag, wird man die Fähigkeit nicht absprechen dürfen, dieselben auch ordnungsmäßig zu handhaben. Hier liegt die wirksamste Remedur gegen die leidigen Konflikte, die ein vertrauensvolles Zusammengehen der gesetzgebenden Faktoren nur zu häufig ausschließen, hier aber auch der sicherste Weg, die Landesvertretung von der Last der lokalen Detailfragen zu befreien, die jetzt zum Schaden ihrer eigentlichen, weit richtigeren Aufgabe in so erdrückender Fülle auf ihr lasten.

Eine geordnete Selbstverwaltung übt endlich die wohlthuendste Rückwirkung auf die Bevölkerung selbst. Die vermehrte und fortgesetzte Uebung in den verschiedenen Zweigen des öffentlichen Lebens ist eine Schule für den öffentlichen Dienst, deren Früchte allen Gliedern des Staatsverbandes zu Gute kommen müssen.

Die Selbstverwaltung wirkt aber auch veredelnd, denn sie ist die wirksamste Triebfeder für Gemeinsinn und Rechtsbewußtsein. Sie nöthigt die Einzelnen dazu, die Gemeinde- und Verbandseinrichtungen zu durchdringen und zu fördern und erhöht mit dem Interesse an denselben auch die Bereitwilligkeit zur Uebernahme der damit verbundenen Lasten. Sie macht, da jede Rechtsordnung ihre festeste Stütze in dem Bewußtsein ihrer Nothwendigkeit findet, die Verbände und Individuen zu den eigentlichen Trägern des ganzen Staatsorganismus. Der Staat, dessen Adern sie stärkend und belebend durchströmt, gewinnt in ihr eine sittliche Grundlage, einen innern Halt. Sie erzieht zur Freiheit in der Ordnung und giebt die sicherste Gewähr, daß nicht eine ungezügelte Freiheit je die Schranken der Ordnung durchbreche; sie wird deshalb unerschüttert auch da ihre innere Kraft bewähren, wo der künstliche Bau eines französischen Polizeistaates machtlos zusammenbricht.

Diese hohe Bedeutung der Selbstverwaltung wird allseitig anerkannt. Gleichwohl sind die auf eine umfassendere Durchführung derselben gerichteten Bestrebungen bis jetzt ziemlich erfolglos geblieben und werden dasselbe Schicksal sicherlich auch noch fernerhin erfahren, wenn nicht die Ueberzeugung zur allgemeineren Geltung gelangt, daß nur durch unmittelbarste Anknüpfung an das thatsächlich Bestehende und im Volksleben Anerkannte eine wahrhaft lebensfähige Organisation geschaffen werden kann. So ein fertiges, nach allen Konsequenzen hin abgerundetes System hat gewiß viel Bestechliches. Es ist jedenfalls angenehmer und leichter, gestützt auf bekannte Autoritäten und ausgerüstet mit landläufigen Schlagwörtern eine beliebte Theorie zu vertheidigen, als Thatsachen und Erfahrungen zu sammeln und zu sichten und auf diesem unebenen, oft von scheinbaren Widersprüchen zerwühlten Boden aufzubauen. Gleichwohl bieten allein die thatsächlich gegebenen Verhältnisse, wie das Bedürfniß sie erzeugt und die tägliche Gewöhnung sie befestigt hat, das Feld, auf dem die Selbstverwaltung Wurzel fassen und gedeihen kann. Nur durch unmittelbares Anpassen an diese naturwüchsige Grundlage wird es möglich werden, gesunde, den beständig anschwellenden Bedürfnissen entsprechende Institutionen zu schaffen und dafür zugleich die willige, thätige Mitwirkung der Bevölkerung in Anspruch zu nehmen. Wer dagegen in unsern faktischen Zuständen nur Mißbildungen, in den herrschenden Anschauungen nur Vorurtheile sieht, der wird auch mit den bestersonnenen Neuschöpfungen schwerlich aus dem Gebiete der frommen Wünsche heraustreten.

Diese Gesichtspunkte bezeichnen den Zweck der nachstehenden Schrift als

> „Größtmöglichste Selbstverwaltung durch unmittelbarsten Anschluß an die thatsächlichen Verhältnisse.“

I.

Wesen und Grundlagen der Selbstverwaltung.

Die Selbstverwaltung nimmt entweder die bloße Mitwirkung der Bevölkerung neben den staatlichen Verwaltungsorganen in Anspruch, oder beruft sie zur selbstständigen Ausübung der Verwaltungsfunctionen. Die gewöhnliche Erscheinungsform für die erstere Art ist die einer gewählten Vertretung.

Die letztere ist dagegen denkbar

> als Verwaltung durch Eingesessene, welche keine oder wenigstens nur eine den Auslagen entsprechende Vergütung empfangen (Ehrenamt),

oder

> als Verwaltung mittelst Anstellung berufsmäßiger Beamten durch die betreffenden Verwaltungsverbände.

Es unterliegt keinem Zweifel, daß die Selbstständigkeit kommunaler Verwaltung in der Hand angesehener Eingesessener weit mehr gewahrt erscheint, als in der besoldeter Beamten. Die letzteren werden gleich den Staatsbeamten zunächst durch äußere Rücksichten zur Uebernahme ihrer Stellungen bewogen und theilen mit jenen die dadurch bedingte Abhängigkeit. Es wird durch sie neben der staatlichen eine kommunale Büreaukratie geschaffen, die, weil sie aus Wahlen hervorgeht und durch die unmittelbar neben ihr stehende Vertretung specieller kontrollirt wird, in milderem Lichte erscheinen mag, die aber andererseits auch der straffen Zucht der staatlichen Aufsicht und der durch den Staatsdienst gebotenen größeren Vielseitigkeit entbehrt. Kleineren und weniger entwickelten Verbänden gegenüber kann dies Beamtenthum durch gesetzliche und geschäftliche Kenntnisse leicht ein gewisses, das kommunale Leben geradezu gefährdendes Uebergewicht erlangen. Die nominellen Diener des Verbandes werden dann thatsächlich zu Herren desselben. Hier, wo außerdem der Kostenpunkt sehr entscheidend in's Gewicht fällt, erscheint die Einrichtung — mag sie auch übrigens nicht zu entbehren sein — durchaus verwerflich.

Der ehrenamtlichen Verwaltung, die also hier zuvörderst in Betracht kommt, wird durch das Maaß und die Art der der Selbstverwaltung zu übertragenden Thätigkeit eine sehr bestimmte Grenze gezogen.

In Deutschland — und wir dürfen uns dessen gewiß nur freuen — hat so ziemlich ein Jeder seinen Beruf. Wer eines solchen ganz ermangelt, wird grade deshalb auch für das Ehrenamt die weniger geeignete Persönlichkeit sein. Die Verwaltungsgeschäfte müssen also neben den eigenen besorgt werden können und deshalb auf ein gewisses Maß beschränkt bleiben. Auch räumlich darf die Thätigkeit nicht über gewisse Grenzen hinauswachsen. Auswärtige Geschäfte werden in der Regel nur dann mit dauerndem Erfolge im Wege des Ehrenamtes wahrgenommen werden können, wenn sie als einzelne bestimmte Funktionen, nicht als eine fortlaufende die Thätigkeit unausgesetzt in Anspruch nehmende Verwaltung sich darstellen. Die Geschäfte müssen sodann ohne eine streng berufsmäßige Vorbildung versehen werden können und gleichwohl Gelegenheit zu einer erfolgreichen befriedigenden Wirksamkeit gewähren. In dieser Beziehung erscheint grade unsere Verwaltung ganz besonders reformbedürftig. Unsere Gesetze und Verordnungen bilden wegen ihrer Fassung und Publikation ein Labyrinth, durch welches nur der Ariadnefaden eines berufsmäßigen Studiums hindurch zu leiten vermag. Für den Laienmagen sind sie eine kaum verdauliche Kost. Zugleich hat aber das übertriebene Formwesen die Verwaltung auf vielen Gebieten dem Subalternenthum ganz vorwiegend in die Hände gespielt. Hier muß vor Allem Abhülfe geschaffen und der Selbstverwaltung der Weg gebahnt werden*). Erst dadurch wird derselben die nöthige freie Bewegung bei gleichzeitiger strenger Wahrung der gesetzlichen Form ermöglicht. Man wird sich sodann über die Form und Ausdehnung klar werden müssen, in der nach den factischen Verhältnissen die Selbstverwaltung überhaupt durchführbar ist. An eine plötzliche Beseitigung, an eine förmliche Ablösung des ganzen Beamtenthums durch die Organe

---

*) Vgl. die früher von dem Verfasser herausgegebene Schrift: Zur Vereinfachung der Preußischen Verwaltung (Hannover 1869 bei Schmorl und von Seefeld).

der Selbstverwaltung ist dabei natürlich nicht zu denken. Wer solchen Illusionen sich hinzugeben vermag, wird sicher überhaupt Nichts erreichen, vielleicht gar die berechtigten Bestrebungen auf diesem Gebiete für die nächste Zeit völlig erfolglos machen.

Das erste und wichtigste Gebiet für die völlige die ganze Verwaltungsthätigkeit umfassende selbstständige Verwaltung bietet die Ortsgemeinde. Hier macht das Vorwalten der korporativen Interessen nicht nur deren Besorgung durch eigene Organe möglich, es läßt die letzteren wegen ihrer lokalen Erfahrung und unmittelbaren Wirksamkeit auch als die geeignetsten Werkzeuge der staatlichen Thätigkeit innerhalb der Ortsverbände erscheinen. Dabei ist das Ehrenamt in der Landgemeinde unbedingt, in der Stadtgemeinde wenigstens theilweise durchführbar.

In den größeren Verbänden der Kreise und Provinzen können dagegen die Organe der staatlichen Verwaltung nicht entbehrt werden. Viele halten die Selbstständigkeit der Verbandsvertretungen dadurch für besser gewahrt, daß sie unter selbstgewählten Vorsitzenden unabhängig von diesen Organen wirken. Indessen werden dadurch, abgesehen von formellen Schwierigkeiten, Reibungen und Kompetenzfragen erzeugt, die immer erst bei der höheren Behörde — also gewiß wenig im Geiste der Selbstverwaltung — ihren Austrag finden werden. Außerdem wird der Wirkungskreis der Selbstverwaltung dabei stets ein eng begrenzter bleiben müssen. Die Selbstverwaltung muß deßhalb überall, wo sie — wie im Kreise und in der Provinz — nicht die gesammte Verwaltung für sich allein zu bewältigen vermag, in eine feste organische Verbindung mit den staatlichen Organen gebracht werden. Der Grundgedanke der ganzen Selbstverwaltung, daß die engeren Verbände sich zum Staat nur verhalten wie die Theile zum Ganzen, daß die Interessen beider sich nicht gegenüberstehen, sondern innig mit einander verwachsen sind, findet in solcher Verbindung seinen naturgemäßen Ausdruck. Daneben vereinigt dieselbe durchaus zweckentsprechend Rechts- und Geschäftskunde mit unmittelbarer Lebensanschauung und vermittelt in einfachster Weise zwei zum Schaden der Verwaltung nur zu oft hervortretende Gegensätze*).

Dieses System läßt sich gewissermaßen bis in die Zeiten der älteren deutschen Gauverfassung hinauf verfolgen, wo der vom

*) Sehr beachtenswerth in dieser Beziehung sind die in der Skizze des Abgeordneten Miquel (Preuß. Jahrb. Bd. 24, S. 312) bezüglich der niederländischen Provinzial-Kommissare gemachten Ausführungen.

Kaiser zur Haltung des Landfriedens und Aufsicht über das Königsgut ernannte Graf das Gericht hegte und die von den freien Genossen gewählten Schöffen das Urtheil fanden. Auch in den meisten deutschen Organisationen ist dieser Weg mit bestem Erfolg betreten und grade unsere Preußische Gesetzgebung hat damit die Antheilnahme der Bevölkeruug an den rein staatlichen Gebieten der Militair- und Steuerverwaltung von jeher in ausgedehntester Weise zur Geltung zu bringen gewußt.

II.

Gliederung der Verwaltungsverbände.

In der Ortsgemeinde finden die Interessen des engeren lokalen Verbandes ihre erste und naturgemäßeste Vertretung.

Der Kreis soll die in den einzelnen Gemeinden verschiedenartig vertheilten Kräfte und unzureichend vorhandenen Leistungen zu intensiverer Thätigkeit zusammenfassen und vermöge einer wesentlich lokal gehaltenen Wirksamkeit anregend und belebend, zugleich aber ergänzend und aushelfend auf die Gemeinden zurückwirken.

In der Provinz findet dann die eigentliche laufende Verwaltung ihren endgültigen Abschluß, während die Centralbehörde — ähnlich wie dies im Justizministerium bereits der Fall ist — nur Aufsichtsinstanz und Organ zur Vorbereitung und Ausführung der Gesetze ist.

In dieser Abstufung sind Zweck und Bedeutung der einzelnen Verbände naturgemäß gegeben, jede daneben eingeschobene Instanz erscheint überflüssig und verwerflich. Je reiner und durchsichtiger dagegen diese Organisation gehalten wird, um so leichter werden alle Gegenstände sich in sie einfügen, um so schneller die Individuen und Vertretungen sich in die ihnen darin zufallende Aufgabe finden können.

Es gilt hiernach vor Allem, die Organisation auf diesen einfach gegebenen Grundlagen zu erhalten und wo Zwischenorgane sich in dieselbe eingeschlichen haben, dieselben wieder zu entfernen. Inzwischen hat der 1869/70 vorgelegte Kreis-Ordnungs-Entwurf das Institut der Amtshauptleute gebracht, dem das Abgeordnetenhaus dasjenige der Sammtbezw. Amtsgemeinde hinzugefügt hat. Wenngleich die Vorlage nicht in's Leben getreten, so ist doch damit eine Richtung eingeschlagen, die den von uns verfolgten Zielen direct entgegenläuft. Anstatt an die lebensfähigen Elemente der Selbstverwaltung anzuknüpfen, die unsere bisherige Entwickelung so reichlich uns darbietet, sollen völlig fremde Institute auf unserem heimischen Boden verpflanzt, soll mit englischen Friedensrichtern und französischen Mairien auf demselben experimentirt werden. Die Größe der hierin liegenden Gefahr und die bestimmte Ausprägung, die beide Institute in den stattgehabten Verhandlungen erhalten haben, nöthigen uns zunächst auf dieselben näher einzugehen:

A. Die Partheien des Abgeordnetenhauses, die im Anfang der Debatten mit größter Energie die Sammtgemeinde vertraten, schwächen im Laufe derselben dieses Institut zu einer Amtsgemeinde ab, die neben bez. über den Einzelgemeinden eine ergänzende kommunale Thätigkeit entfalten soll. Die Leichtigkeit, mit der dieser Umschwung bewirkt wird, ist der beste Belag dafür, auf wie schwankender Unterlage sich diese rein theoretischen Organisationspläne bewegen.

1) Vor Allem liegt für die Einrichtung in der einen wie in der anderen Gestalt nicht das mindeste Bedürfniß vor; sie würde dagegen äußerst störend und verderblich auf eine naturgemäße Entwickelung unseres kommunalen Lebens einwirken. Man glaubt in der Amtsgemeinde der Gemeindeverwaltung mehr Vermögen und Intelligenz zuzuführen. Daß diese Voraussetzung für das Gemeindeleben wichtig und daß sie in einem größeren Bezirke der Regel nach in reicherem Maße zutrifft, als in einem kleineren versteht sich von selbst; doch kommt diese Bedingung erst in zweiter Linie. Die erste, die Grundbedingung, ist das aus dem unmittelbaren Zusammenleben sich ergebende gemeinsame Interesse. Intelligenz und Vermögen sind auf diesem Boden wirksam treibende Kräfte; für sich allein und ohne diese Voraussetzung sind sie aber nun und nimmermehr im Stande, ein wahrhaftes Gemeindeleben zu schaffen.

Grade auf dieser Voraussetzung beruht Wesen und Bedeutung der Ortsgemeinde. Grade sie ist vermöge der engen, meist durch Vermögensbeziehungen geförderten Gemeinschaft der Interessen, die sie bietet, der fruchtbarste Boden für kommunales Leben, gerade sie vermöge der unmittelbaren Thätigkeit, die sie in Anspruch nimmt, das wahre Feld für das Ehrenamt.

In der Ortsgemeinde finden dem entsprechend im Wesentlichen alle kommunalen Beziehungen ihren natürlichen Vereinigungspunkt, ihre nothwendige Begrenzung. Die Amtsgemeinde würde bei einer Einwohnerzahl von 2—5000 selbst in den dichter bevölkerten Gegenden durchschnittlich den Raum von mindestens einer Quadratmeile umfassen. Auf solchem Gebiete sind weder einheitliche Schul-, Feuerlöscheinrichtungen, noch auch gemeinsame Organe für eine unmittelbar und sofort eingreifende Thätigkeit (Ortsvorsteher, Flurhüter und Nachtwächter) denkbar. Die Amtsgemeinde schießt in allen diesen Fragen über das Ziel der naturgemäßen Kommunalbildung hinaus.

Am Schlagendsten glaubte die Parthei der Amtsgemeinden für dieselben mit der Thatsache eintreten zu können, daß in mehreren Kreisstatistiken Gemeinden mit ganz geringer Einwohnerzahl und Gutsbezirke mit verschwindend niedrigem Reinertrage sich vorfänden. Aus diesen vereinzelt herausgerissenen Beispielen wird dreist die Prästationsunfähigkeit aller Gemeinden für die Aufgaben des kommunalen Lebens, als unumstößlicher Grundsatz herausgefolgert und auf diesem falschen Schluß der ganze künstliche Bau der Amtsgemeinde aufgeführt. Je ferner es uns liegt, für diese kleinen neben den wirklichen Gemeinden sich vorfindenden Verbände die Gemeindequalität in Anspruch zu nehmen, je wichtiger es uns scheint, vor Allem da, wo überhaupt noch keine Gemeinden bestehen, solche zu bilden, für um so verwerflicher glauben wir es bezeichnen zu müssen, wenn mit diesen Mißbildungen die große Menge lebensfähiger Ortsgemeinden rücksichtslos vermengt wird, um aus diesem Gemisch unbehindert ganz neue schablonenmäßige Gebilde herausformen zu können. Daß unsere ländliche Bevölkerung sich bereits in weit überwiegender Zahl in völlig entwickelungsfähigen Verbänden vereinigt findet, daß viele Kreise schon ausschließlich aus solchen sich zusammensetzen und daß gerade in diesen die kommunale Entwickelung am Weitesten vorgeschritten ist, das wird als eine unbequeme, in das System der Amtsgemeinde nicht hineinpassende Erscheinung von den Vertheidigern derselben mit Stillschweigen übergangen.

2) Diese selbstständige kommunale Bedeutung der Ortsgemeinden schließt nicht aus, weist vielmehr darauf hin, daß dieselben sich zu bestimmten Zwecken mit Nachbargemeinden verbinden können. Diese Fälle sind indeß viel zu einfach, um den schwerfälligen Apparat einer Amtsgemeindebildung irgendwie zu erfordern. Sie sind aber auch viel zu mannigfaltig und wechselnd, um ein für allemal in einen im Voraus gebildeten Rahmen sich einzufügen. Eine Gemeinde kann durch unmittelbare Nachbarschaft zu einer anderen veranlaßt werden, gemeinsame Löschgeräthe mit ihr zu beschaffen und zu unterhalten, während eine gemeinsame Wegeverbindung oder Deichanlage sie auf ein Zusammengehen mit ganz anderen Gemeinden hinweist und endlich ein wiederum mit anderen Gemeinden in Gemeinschaft besessener Waldkomplex sie zur Anstellung eines gemeinsamen Forstaufsehers mit dieser

nöthigt. Diese Verbindungen werden sich nach wie vor bilden, wie das Bedürfniß, nicht wie der willkürlich gebildete Amtsverband es vorschreibt. Hier muß sich also die Form dem vielgestaltigen Bedürfniß anpassen, nicht das Bedürfniß der Form und es wird eine sanguinische Hoffnung bleiben, daß der Amtsgemeinde durch übereinstimmenden Beschluß der Einzelgemeinden Angelegenheiten zugewiesen werden möchten,*) oder daß letztere gar durch erstere aufgesaugt werden könnte.

3) Während demgemäß die eigentlichen Gemeindeinstitute der Ortsgemeinde naturgemäß verbleiben, wird auch die ergänzende aushelfende Wirksamkeit über der Gemeinde vom Kreise vermöge seiner größeren Leistungsfähigkeit unleugbar erfolgreicher wahrgenommen werden können, als von einer Amtsgemeinde. Also auch hier erwächst derselben kein Feld der Thätigkeit. Sie ist eben das Product einer künstlichen und willkürlichen Schöpfung, nicht eines inneren Bedürfnisses, daraus erklärt sich zur Genüge ihre unklare Stellung, die sie — nicht Fisch nicht Fleisch — völlig gegenstandlos zwischen Kreis und Gemeinde herumschwanken läßt.

4) Die Amtsgemeinde führt zu einer unnöthigen Verwickelung der an sich einfachen Verhältnisse, zu einer Zersplitterung der in der Selbstverwaltung thätigen Kräfte und aufzuwendenden Mittel. Die übermäßige Inanspruchnahme der Bevölkerung für die Wahlen und Sitzungen der zwecklos übereinander aufgebauten Vertretungen, die beschränkte Bedeutung, die jede einzelne wegen der Nähe der anderen nur zu gewinnen vermag, muß das Interesse der Bevölkerung an der Verwaltung abschwächen und ihre Thätigkeit auf diesem Gebiete erlahmen machen. Eine lebendig-frische kommunale Entwickelung ist bei dem Nebeneinanderbestehen der Orts- und Amtsgemeinde schlechterdings unmöglich. Eine muß fallen, wenn sie nicht die Entfaltung der andern hindern soll. Die Wahl zwischen der naturgemäß gewordenen Orts- und der nur durch die Theorie künstlich konstruirten Amtsgemeinde kann nicht schwer fallen.

5) In der Amtsgemeinde würde nur zu bald das in der Ortsgemeinde verwaltende ehrenamtliche Element dem berufsmäßigen Beamtenthum Platz machen, noch dazu einem unzureichend besoldeten und ungenügend beschäftigten. Die unglücklichen Zwitterstellungen, die dem Ehrenamt zu viel zumuthen, während sie dem Berufsamt zu wenig gewähren, sind aus der Verwaltung vieler kleinerer Städte so hinlänglich

---

*) § 47. Nr. 8. des Kreisordnungsentwurfs in der vom Abgeordnetenhause beschlossenen Fassung.

bekannt, daß man gewiß keinen Anlaß hat, ihnen hier in so weit verbreitetem Umfange Eingang zu verschaffen. Es würde in der That eine sonderbare Ironie des Schicksals werden, wenn unsere auf Selbstverwaltung gerichteten Bestrebungen schließlich nur auf eine Ausdehnung dieses Schreiberbeamtenthums hinauslaufen sollten.

6) Diese Ausführungen werden durch eine Reihe von Thatsachen bestätigt. In Hannover hat die auf naturwüchsiger Grundlage aufgebaute Organisation der Ortsgemeinde*) eine erfreuliche kommunale Entwickelung zur Folge gehabt und wesentlich dazu beigetragen, daß die umfangreichen Aufgaben, welche bei Durchführung der völlig veränderten Militair- und Steuerverfassung sowohl nach der Einverleibung, als während des letzten Krieges an die Verwaltung herantraten, so überraschend schnell und glücklich gelöst werden konnten. Selbst in unseren östlichen Provinzen haben Ortsgemeinden und Ortsschulzen ihre Aufgaben wenigstens im Großen und Ganzen, und soweit es ohne feste Organisation möglich war, zu erfüllen gewußt.

Die Sammtgemeinde hat dagegen nirgends Leben zu gewinnen vermocht.**)

Das Schicksal der Gemeinde-Ordnung vom 11. März 1850, deren Titel IV. ihre Einrichtung erstrebte, ist noch in frischem Andenken. Selbst wo im Osnabrück'schen in den größeren Kirchspielsverbänden Ansätze für die erstrebte Organisation gefunden werden können, ist doch, obwohl es an Bestrebungen zu ihrer Conservirung und Fortbildung keineswegs gefehlt hat, die kommunale Bedeutung derselben gegen die der Ortsgemeinden im Verschwinden begriffen.

Ganz dasselbe gilt von der s. g. Amtsgemeinde. Die in den beiden westlichen Provinzen zu französischer Zeit zu größeren Verbänden (Mairien) zusammengelegten Gemeinden haben von der ihnen gegebenen

---

*) Hannov. Bek. v. 28. April 1859 §§ 1—3. In gleicher Weise geht die Kurhess. Gem.-O. v. 3. Okt. 1834 im § 4 und die nass. Gem.-O. v. 26. Juli 1854 grundsätzlich von den bestehenden Ortsgemeinden aus.

**) Minister v. Lasser sagt bei Berathung des österreichischen Gemeindegesetzes (Juni 1861), es sei nach 1849 in manchen Ländern der Versuch gemacht, begünstigt namentlich durch Bestrebungen der Beamten, denen es viel bequemer vorkomme, von oben herab wenige Gemeinden zu leiten, als eine Anzahl derselben, die politische Gemeinde durch Zusammenlegung von Ortsgemeinden als Netz über ein ganzes Land zu verbreiten, und selbst in der Vollgewalt der Exekutive, in der man damals gestanden, habe man den Versuch aufgeben müssen. Man habe ihn nicht durchzuführen vermocht: hunderte auf hunderte von Rekursen seien gegen die Zusammenlegung der Ortsgemeinden eingebracht und hätten bewilligt werden müssen, aber nicht eine Eingabe sei gekommen um Zusammenlegung.

Befugniß, sich wieder als Einzelgemeinden zu konstituiren,*) den umfassendsten Gebrauch gemacht. Indessen soll noch jetzt in Westphalen das Amt, in der Rheinprovinz die Bürgermeisterei in Ansehung solcher Angelegenheiten, welche für alle zugehörigen Gemeinden ein gemeinschaftliches Interesse haben, einen Kommunalverband mit den Rechten einer Gemeinde bilden. Welche Angelegenheiten, außer den etwa durch das Gesetz bestimmten, dahin gehören, bestimmt die Amts- (Bürgermeisterei-) Versammlung, welche in Westphalen dabei an die Zustimmung der Gemeinden und Gutsbezirke gebunden ist.**) Wenn also nur das leiseste Bedürfniß zu Amtsgemeinden vorhanden wäre, so hätte es doch in diesen Verbänden, die noch dazu die gesammte Verwaltung in sich aufnehmen, nothwendig hervortreten müssen. Trotzdem haben sie in kommunaler Beziehung keine irgend erwähnenswerthe Erfolge gehabt. Dagegen hat das in ihnen sehr üppig wuchernde und äußerst kostbare Schreiberregiment die selbstthätige Verwaltung der Einzelgemeinde in einer Weise niederzuhalten gewußt, daß die östlichen Provinzen trotz ihrer formell noch weniger geordneten Verhältnisse sich glücklich schätzen dürfen, von diesen Einrichtungen befreit geblieben zu sein.

Die rheinisch-westphälische Organisation beruht auf einer Ausdehnung der durch die französische Gewaltherrschaft geschaffenen, von dem Gedanken staatlicher Omnipotenz durchwehten Institute. Die büreaukratisch centralistische Tendenz des französischen Regierungssystems fand in dem über die Ortsgemeinde hinausragenden Verwaltungsverband ihren natürlichen Boden, in dem darauf sich naturgemäß entwickelnden kleinen Beamtenthum ihre bereitwilligsten Helfershelfer.***) Es ist lebhaft zu beklagen, daß wir uns von diesem

*) Vgl. § 2 der (älteren) westph. Landgem.-O. v. 31. Okt. 1841 u. §§ 1 u. 2 der rhein. Gem.-O. v. 23. Juli 1845.

**) Westph. Landgem.-Ordnung vom 19. März 1856 § 5. Rhein. Gemeinde-Ordnung vom 23. Juli 1845 § 8.

***) Als charakteristisch verdient folgender Vorfall Erwähnung: Napoleon I ließ sich (bei seiner Anwesenheit in Coblenz am 17. Sptbr. 1804) mit dem zuerst vorgestellten conseil général auf eine kurze Discussion ein. Der secretarius des conseil, zugleich den Sprecher vorstellend, machte die Nothwendigkeit, mehrere Gemeinden unter einem maire zu vereinigen und diesen zu besolden geltend, als die nothwendige Folge der Schwierigkeit, eine hinreichende Anzahl von Individuen zu finden, welche der französischen Sprache sattsam mächtig, um mit der vorgesetzten Behörde zu verkehren. Daß eine solche Behörde ganz und gar dem Grundprincip freier Municipalverfassung, wonach der Maire nicht der Regierung, sondern der Gemeinde Organ sein solle, widerspreche, erkannte der Kaiser augenblicklich. Er entgegnete: „Mais en Flandre, dans les pays basques on ne parle pas plus frantraurigen Vermächtniß der wenig glorreichen französischen Occupationszeit noch immer nicht loszumachen vermocht haben und noch heute in „Bürgermeistern" der Landgemeinden das Andenken wach erhalten an die „citoyens maires", mit denen seiner Zeit die französische Republik uns beglückte.*) Die Mißerfolge der Amtsgemeinden in Westphalen und Rheinland sind so schlagend, daß es sich wohl verlohnt, auf dasjenige näher einzugehen, was mit Bezug hierauf von den Vertheidigern der Amtsgemeinde in der Session des Abgeordnetenhauses 1869/70 vorgebracht ist. Nachdem der Abgeordnete Miquel (Sten. Ber. S. 1533) behauptet hat, daß sich das Kommunalwesen in Westphalen wesentlich in die Aemter gelegt habe, giebt er gleich darauf (S. 1606) zu, daß dieselben heute noch wesentlich Verwaltungsbezirke geblieben seien, daß die Vertretung in den meisten Aemtern ohne Bedeutung und daß es letzteren nicht gelungen sei, die einzelnen Gemeinden aufzusaugen. Den Grund davon sieht er in der Einwirkung der Büreaukratie,**) in dem Umstande, daß der Amtmann als Büreaukrat, als Subalternbeamter regiert. Diese Deduction verwechselt Ursache und Wirkung. Die zahlreichen vergeblichen Bestrebungen, angesehene Eingesessene für die Amtmannsstellungen zu gewinnen, beweisen zur Genüge die oben ausgesprochene Behauptung, daß das Ehrenamt einer umfassenden fortlaufenden Verwaltungsthätigkeit außerhalb der Ortsgemeinde nicht gewachsen ist, und daß deßhalb der büreaukratische Charakter

---

çais que vous et pourtant chaque commune trouve son maire." Als Kreutzberg insistirte, konkludirte der Kaiser: „Eh bien, mais je ne vous conçois pas; si vous ne voulez pas vous administrer vous même, nous serons obligé de vous envoyer des sergeants."

(Rheinischer Antiquar Bd. 2. S. 619.)

*) Es hat keineswegs an Stimmen gefehlt, die das Bedenkliche dieses Entwickelungsganges hervorhoben. Bereits 1835 sprach sich der 4. westphälische Provinziallandtag (Verhandlungen S. 11) dagegen aus, daß die Stätte der Gemeindeadministration um mehrere bis dahin nirgends bestehende Glieder vergrößert und dadurch die Schreibereien und Kosten der Verwaltung ansehnlich vermehrt würden. In dem sich daran schließenden Berichte wird als angemessen bezeichnet, daß den zu erwählenden Gemeindevorstehern in Gemeindeangelegenheiten ein selbstständiger Wirkungskreis unter unmittelbarer Leitung des Landraths gegeben werde, weil sonst jede Gemeinde ein todtes Werkzeug in den Händen der Beamten bleiben werde.

Auch die spätere Zeit weist ähnliche Auslassungen auf; überall hat aber das büreaukratische Princip gesiegt.

**) Grade die Beamten trifft der Vorwurf am Wenigsten, da ihnen mehr daran liegen muß mit wenigen, als mit vielen Gemeinden zu verhandeln. Vergl. Anm. *) S. 12.

der westphälischen Verwaltung als naturgemäße Folge der Organisation der Amtsverbände erscheint. Jedenfalls würde es bezeichnend bleiben, daß die gewählten Amtsvertretungen kaum den Versuch gemacht haben, sich ihrerseits dieser büreaukratischen Richtung gegenüber geltend zu machen. Das dürfte am besten beweisen, daß ihre Bedeutungslosigkeit keine künstlich veranlaßte ist, sondern daß sie allein auf innern Gründen beruht, auf dem gänzlichen Mangel eines durch bestimmte Zwecke gegebenen Bewußtseins der Gemeinsamkeit. Gegen diese giebt es keine Mittel und wenn der Abgeordnete Miquel dadurch zu helfen glaubt, daß er die in Westphalen nur fakultativ nachgelassene Bildung eines Amts-Kommunalverbandes mit den Worten: „Das Amt ist ein Kommunalverband“ obligatorisch macht, so müssen wir bezweifeln, daß es ihm gelingen wird, mit dieser — übrigens bereits in der rheinischen Gemeinde-Ordnung enthaltenen — Zauberformel Todtes lebendig zu machen.

B. Das von den Sammt- und Amtsgemeinden Gesagte gilt in gewissem Grade auch von den Amtshauptleuten.

1) Wie jene zwischen Orts- und Kreisverband, erscheinen sie zwischen Orts- und Kreisbehörde ohne eine fest abgegrenzte selbstständige Bedeutung willkürlich eingeschoben. Auch ihre Einrichtung bildet trotz der gegentheiligen Behauptung der Motive (S. 52) ein Experiment, das auch die Bezugnahme auf das hochgepriesene englische Selfgovernment (S. 85) in keinem milderen Lichte erscheinen läßt. Die Stellung nach unten wie nach oben ist ziemlich unklar; den Gemeindevorständen soll der Amtshauptmann Anweisungen ertheilen, ohne Ordnungsstrafrecht, dem Landrath erscheint er bezüglich seiner Geschäftsführung, nicht aber bezüglich seiner materiellen Thätigkeit untergeordnet. Reibungen und Schwierigkeiten sind aber um so unvermeidlicher, als auch der Wirkungskreis nach beiden Seiten hin einer festen Begrenzung entbehrt. Bei Erlaß allgemeiner polizeilicher Maßregeln wird er nur zu leicht in das nach wie vor der Kreisbehörde zufallende Gebiet hinüberstreifen, während er bei Handhabung der Ortspolizei, als nicht am Orte wohnend, ganz vorwiegend auf das eigene Eingreifen der Ortsbehörden angewiesen erscheint. Als großes Mißverhältniß muß es ferner erscheinen, daß der Amtshauptmann, abweichend von anderen Behörden der unteren Instanz, zunächst auf die Handhabung der Polizei beschränkt wird, deren saure Aufgabe ihm nur durch Zulegung einiger kommunaler

Functionen überzuckert wird. Der innige Zusammenhang der einzelnen Verwaltungszweige unter einander weist ganz bestimmt auf eine einheitliche Thätigkeit derselben hin, vorzugsweise in der unteren Instanz. Grade das Gedeihliche ihrer Wirksamkeit liegt in ihrer Totalität. Die Thätigkeit auf dem einen Gebiet kann die auf dem anderen ergänzen, die in dem vermehrten Verkehr mit der Bevölkerung bei einer Gelegenheit gewonnenen Erfahrungen können bei einer anderen wieder verwerthet werden. Ebenso sehr fordert es das Interesse der Bevölkerung, daß sie in allen Fragen des öffentlichen Lebens an eine bestimmte Behörde sich halten könne und nicht bald vom Landrath zum Amtshauptmann und dann wieder zurück zum Landrath verwiesen werde. Noch übler wird es empfunden werden, wenn Fragen, die in unlösbarem inneren Zusammenhang stehen, verschiedener Auffassung bei den mit ihrer Erledigung Betrauten begegnen. So hat z. B. der Amtshauptmann die unmittelbare Aufsicht über Kommunalangelegenheiten (§ 50. Nr. 2), während Schulsachen ausdrücklich als außerhalb seines Amtsberufes liegend bezeichnet werden (Motive S. 87). Ferner schädigt die Ausscheidung der Polizei von der übrigen Verwaltung nothwendig sowohl das polizeiliche wie das kommunale Interesse. Die Verhandlungen wegen Rückgabe Königlicher Polizeiverwaltungen in den mittleren Städten an die Gemeinde liefert dafür ausreichende Beläge. Die Polizei kann nicht auf die bloße Negative beschränkt bleiben, die wehrende Hand muß auch helfen und bessern können. Die Wegepolizei muß deshalb mit dem Wegebau, die Armenpolizei mit der Armenpflege ꝛc. überall Hand in Hand gehen, wenn anders sie ihre Zwecke gehörig erfüllen will. Der Amtshauptmann, der sich dagegen mit nur einigen Zweigen aus dem ganzen Verwaltungsorganismus herausgelöst, ja der sich beinahe auf das den Gensdarmen zufallende Gebiet der Thätigkeit eingeschränkt sieht, wird hiernach weder eine gedeihliche, noch eine befriedigende Thätigkeit zu entwickeln vermögen.

Im Zusammenhang damit steht die aus dem Institut hergeleitete Forderung eines kommunalen Amtsverbandes. Dieselbe ist an sich konsequent. Die Verbandsvertretung bildet in unserer Gesetzgebung fast durchgängig ein nothwendiges Correlat der Verwaltungsbehörden*) und

*) So wird im § 7. des Gesetzes vom 11. März 1850 zu Verordnungen über Gegenstände der landwirthschaftlichen Polizei die Zustimmung der Gemeindevertretung erfordert. § 54. des Entwurfs, der die desfallsige ortspolizeiliche Competenz auf den Amtshauptmann für den ganzen Amtsbezirk überträgt, hat dieses Erforderniß zu einer bloßen Berathung mit den Guts- und Gemeindevorständen abgeschwächt. Gewiß kein Fortschritt auf der Bahn der Selbstverwaltung!

wirkt unleugbar in sehr wohlthätiger Weise, als Vermittlerin zwischen diesen und der Bevölkerung. Indem aber hier der Impuls zur Schaffung der Amtsgemeinde lediglich durch das Institut des Amtshauptmanns gegeben ist, indem hier die Gemeinde ohne eigene innere Lebensbedingungen lediglich im Interesse des Amtes in Scene gesetzt werden soll, so zeigt sich darin recht deutlich das Künstliche und Widersinnige der ganzen Organisation, das den Amtshauptmann wie die Amtsgemeinde als unbedingt verwerflich erscheinen läßt.

2) Zu diesen materiellen gesellen sich auch formelle Unzuträglichkeiten des Instituts. Die alle drei Jahre sich wiederholende Anstellung mehrerer Tausend Amtshauptleute und Stellvertreter durch Königliche Verordnung (§ 46—48. des Entwurfs), die Feststellung und Einziehung ihrer Geschäftsunkosten (§ 59), die sehr schwierige Regelung ihrer Competenz, die Aufsicht über ihre Geschäftsführung (§ 57) — Alles das wird nur dazu dienen, die schon so gewaltig angeschwollene Geschäftslast weiter zu vermehren und dem so üppig wuchernden Rescriptenwesen neue Nahrung zuzuführen.

Die Einrichtung fügt in den angegebenen Instanzen der Gemeinde-, Kreis- und Provinzialbehörden eine vierte ein. Dies neue Rad schwächt die treibende Kraft des Verwaltungsorganismus, erschwert seine Handhabung und macht ihn für Störungen des Betriebes zugänglicher. Berichte und Verfügungen, welche in der neuen Organisation schwerlich entbehrlich werden dürften, werden in inhaltlosen Brevimanus die lange Leiter der Instanzen hinauf- und herabgetragen, die Behörden aber auf eine mehr und mehr briefträgermäßige Beschäftigung angewiesen. Eine rasche und sachgemäße Erledigung der Geschäfte ist damit schlechthin unvereinbar. In den westlichen Provinzen macht diese Erfahrung die Regierung oft geneigt, mit Umgehung der Landräthe in direkte Beziehungen mit den Bürgermeistern und Amtsmännern zu treten. Andere Staaten hat sie bereits zu einer gänzlichen Beseitigung von Zwischenbehörden geführt*). Sollen wir etwa den umgekehrten Weg betreten?

3) Der dritte und schwerste Einwurf gegen die Einrichtung ist, daß sie in der beabsichtigten Weise nicht durchführbar und deshalb völlig

---

*) In Böhmen sind unterm 25. Septemb. 1862 (Reichs-Ges.-Bl. 33) die Kreisbehörden als Instanz der politischen Verwaltung aufgelöst, indem ihre Functionen zwischen den Bezirksämtern und der Statthalterei getheilt wurden. In analoger Weise hat das badische Gesetz vom 5. October 1863 die Kreisregierungen beseitigt und die Königlich-Sächsische Regierung im vorigen Jahre eine ähnliche Instanzenverminderung in Aussicht gestellt.

verfehlt erscheint. Die Grenzen, die, wie oben gezeigt, der ehrenamtlichen Thätigkeit gezogen sind, werden mit den dem Amtshauptmann zugewiesenen Aufgaben bei Weitem überschritten. Die Stellung bietet nur wenig Reiz und nimmt dabei die Thätigkeit fortlaufend in einem im Voraus nicht bestimmbaren Umfange und vorwiegend außerhalb des Wohnortes in Anspruch. Das sind Schwierigkeiten, über welche auch die größte Selbstverläugnung, die hingebendste Opferwilligkeit nicht dauernd hinwegzuhelfen vermag. Noch weit weniger darf dieses von dem strafenden Zwange, von einer durch Geldbußen erkauften Wirksamkeit (§ 7. des Entwurfs) erwartet werden. Es wird in den Motiven (S. 82. u. 83.) auf die Thätigkeit der Schiedsmänner, Geschworenen, Kreis- und Provinziallandschaftsmitglieder, auf die Leistungen in den größeren Deichgenossenschaften und bei der Grundsteuer-Veranlagung verwiesen. Diese Thätigkeit umfaßt aber durchweg einzelne mehr oder weniger fest bestimmte oder vorübergehende Leistungen, was Beides in der Thätigkeit des Amtshauptmanns nicht der Fall ist. Selbst unsere umfassendste Pflicht, die Militairpflicht, erscheint insofern weit erträglicher, als sie in feste Grenzen gewiesen und durch die Ueberzeugung ihrer Nothwendigkeit sehr wesentlich gemildert wird, während bei dem Institut der Amtshauptleute jene Einschränkung fehlt und auch die Nothwendigkeit sehr starken Zweifeln unterworfen sein dürfte.

Diesen weitgehenden Anforderungen steht zugleich eine verhältnißmäßig nur kleine Zahl solcher Personen gegenüber, an die überhaupt in der vorliegenden Frage gedacht werden kann. Die Motive (S. 85.) gehen hierin ziemlich weit, indem sie auch Pächter und Administratoren größerer Güter oder industrieller Etablissements der vorzugsweisen Berücksichtigung empfehlen, während gerade diese durch ihre eigenen Geschäfte in hohem Grade in Anspruch genommen zu sein pflegen; gradezu auffällig muß aber diese Aufführung und der Hinweis auf die selbstständigere nnd unabhängigere Lage derselben erscheinen, nachdem einige Seiten vorher als Grund für Aufhebung der gutsherrlichen Polizei deren häufige Uebertragung an Wirthschaftsbeamte und Pächter hervorgehoben worden ist, denen es bei öfterem Wechsel der Stellung nicht selten an dem richtigen Takt und dem durch eine unabhängige Lebensstellung wie durch höhere Bildung gehobenen Bewußtsein fehle.

Aus diesen Umständen erklärt sich zur Genüge das ängstliche Schwanken zwischen großen und kleinen Bezirken. Während die Ausdehnung des Bezirks bei vermehrtem Geschäftsumfange die ehrenamtliche Thätigkeit mehr und mehr ausschließt, verengt sich andererseits mit seiner Verkleinerung auch die Zahl der für das Amt geeigneten Kandidaten.

Am schlagendsten sind auch hier wieder die Thatsachen.

Nirgend, weder in den vereinzelten Versuchen in den östlichen*), noch in den durchgeführten Organisationen der westlichen Provinzen**)

---

*) Im Regierungsbezirk Gumbinnen, wo die früheren Berittschulzen gegen Ende der 50er Jahre aus bloßen landräthlichen Gehülfen zu selbstständigen Polizeiverwaltungsbehörden geworden sind, hat man sich die erdenklichste Mühe gegeben, Gutsbesitzer zu finden, die diese Stellungen als unentgeltliches, lediglich gegen Ersatz der baaren Auslagen zu verwaltendes Ehrenamt übernehmen möchten. Die Praxis hat die völlige Undurchführbarkeit dieses Princips herausgestellt. Eigentliche Ehrenpolizeiverwalter fanden sich je länger je weniger, und schon gegenwärtig sind diese Verwaltungen größtentheils in den Händen von Subalternen, welche von der nur auf Deckung des Dienstaufwandes berechneten Remuneration ein kümmerliches Dasein fristen und durch außerordentliche staatliche Remunerationen nothdürftig hingehalten werden.

**) Besonders bezeichnend sind die Verhältnisse in Westphalen. Hier soll die Stelle des Amtmanns als ein Ehrenamt, mit welchem nur eine feste Entschädigung für Dienstunkosten verbunden ist, einem angesehenen und vorzugsweise aus den größeren Grundbesitzern auszuwählenden Eingesessenen übertragen werden und zwar durch eine auf Befehl des Königs vom Minister zu vollziehende Urkunde. Nur wo kein angesehener Eingesessener jeweilig sich findet, welcher die Stelle des Ehrenamtmanns als unentgeltlich zu verwaltendes Ehrenamt zu übernehmen geeignet und bereit ist, ist ein Amtmann mit Gehalt anzustellen. (Landgemeinde-Ordnung vom 19. März 1856 §§ 70. und 71.) Dies bezweckt, diese wichtige Stelle in die Hände solcher Männer zu legen, welche durch ihre persönlichen Verhältnisse und ihren Besitz mit den Interessen der Gemeinde auf das Engste verbunden sind, mit genauer Personen- und Sachkenntniß das Vertrauen der Eingesessenen vereinigen und das Wohl und Wehe der Gemeinde als ihr eigenes empfinden. Es wird dabei vorausgesetzt, daß Männer von unabhängiger Stellung Gemeinsinn genug haben werden, ihre Kräfte mit voller Liebe dem Wohle ihrer Gemeinde zu widmen. Das Gesetz bezeichnet das Ehrenvolle einer solchen Stellung ausdrücklich durch die Form der Ernennungsurkunde. Für die Aufsichtsbehörde entsteht daraus die besondere Verpflichtung, uneigennütziges Wirken für das allgemeine Wohl durch Anerkennung und jede mit dem Ernste der Amtspflicht erträgliche Erleichterung im amtlichen Verkehr zu fördern (Instr. vom 9. Mai 1856, Art. XVI.). So hatte man es gedacht; wie ist es aber geworden? Wenngleich man der Behörde im Allgemeinen gewiß den Vorwurf nicht wird machen können, daß sie diese Verpflichtung nicht erfüllt habe, fristen doch in weit über hundert Aemtern nur ganz einzelne wenige Ehrenamtmänner ihr vereinsamtes Dasein. Solche Thatsachen bedürfen keines weiteren Kommentars.

Die Art der Thätigkeit der Amtmänner gegenüber der der Amtshauptleute fällt dabei nicht entscheidend in's Gewicht. Wenn diese durch einige Geschäftszweige nicht in Anspruch genommen werden, welche jene belastet, so fehlt ihnen andererseits diejenige Vielseitigkeit des Wirkens, die der Verwaltungsthätigkeit erst ihre wahre hat das Ehrenamt dieses Gebiet dem eindringenden Subalternenbeamtenthum gegenüber behaupten können, und mit Recht bezeichnet ein durch seine Stellung zu solchem Urtheil vorzugsweise berechtigter Abgeordneter (Sten. Ber. S. 634.) die Amtshauptleute als das vollständige Ebenbild der Districts-Commissarien in der Provinz Posen. Daß es dahin auch recht bald komme, dafür hat § 49 der Vorlage bereits Vorsorge getroffen. Daß sich für die Stellen dauernd Personen finden, welche die Befähigung zum höheren Staatsdienst besitzen, kann bei der Art der Beschäftigung und der Zahl der Stellen kaum erwartet werden.

So treibt also die Vorlage einer subalternen Büreaukratie direct in die Arme. Und diese Büreaukratie betritt grade das wichtige Gebiet der unteren Verwaltung. Man vergegenwärtige sich nur, wie vorwiegend die Geschäfte von denen beherrscht werden, die mit Personen und Sachen in unmittelbarer Verbindung stehen. Hier ist recht eigentlich Auge und Ohr der ganzen Verwaltung; hier vermag ganz leicht eine einzige getrübte Anschauung, ein einziges befangenes Urtheil, der ganzen Thätigkeit, bis in die höchsten Spitzen hinauf, eine verkehrte Richtung zu geben. Darin liegt grade das so besonders Gefährliche des Versuches, daß sein Mißlingen nicht etwa bloß die Absicht der Vorlage scheitern macht, sondern Zustände herbeiführt, die der ausgesprochenen Tendenz wohl aller Partheien direct zuwiderlaufen; darin das Bedauerliche der gepflogenen Verhandlungen, daß das Projekt trotz der geringen Zuversicht, die sich fast allseitig an ihrem Gelingen kund gab, doch schließlich den Beifall der Majorität hat erlangen können.

4) Dazu treten die Kosten. Die Stelle wird für Büreaukosten aller Art, Gesetz- und Amtsblätter, Porto-, Boten- und Schreiberlohn mindestens 500 Thlr. und bei Anstellung eines besonderen Commissars mindestens 1000—1200 Thlr. erfordern. Dazu kommen dann noch Ruhegehälter, Wittwen- und Waisenpensionen und die grade bei geringer dotirten Beamten ganz unvermeidlichen Remunerationen. Sieht man aber auch von letzteren ganz ab, so würden die Landgemeinden eines Kreises immer noch bei Annahme von durchschnittlich 10 Stellen neben allen bisherigen Gemeinde- und sonstigen Lasten, im ersteren Falle 5000 Thlr., im letzteren 10—12000 Thlr. jährlich aufzubringen haben. Die letztere Summe würde voraussichtlich die Regel bilden.

Bedeutung und der damit verbundenen Stellung erst einen angemessenen Reiz verleiht. Mag also diese Verschiedenheit in dem einen oder anderen Falle auf die Geneigtheit zur Uebernahme solcher Stellen von Einfluß sein; im Großen und Ganzen wird sie ein verschiedenes Resultat nicht hervorrufen können.

Sollten aber auch Ehrenamtmänner sich finden, so würde dies doch zunächst nur in den wohlhabenderen Gegenden zu erwarten sein, die dürftigeren Districte also vorzugsweise mit jener höheren Summe belastet bleiben. Stände der Werth des Objectes in richtigem Verhältniß zu diesen Kosten, handelte es sich darum, etwas absolut und unbestritten Vorzügliches zu schaffen, so würde diese neue Belastung, wie so manche andere, gewiß auch verschmerzt werden. Wo es sich hingegen um eine so in jeder Richtung bedenkliche Schöpfung handelt, da ist jeder Preis zu hoch, da würde unzweifelhaft den Kreisen ganz anders geholfen werden, wenn sie jene Tausende statt auf neue Beamtenstellen, auf Unterrichts-, Kommunikations- und sonstige gemeinnützige Zwecke verwendeten.

III.

Die Gemeinde.

Die Gemeinde bildet die Grundlage für den ganzen Bau der Selbstverwaltung. Ihre Organisation muß deshalb vor oder mindestens gleichzeitig mit der Organisation der übrigen Verwaltungskörper erfolgen. Sie muß aber auch selbstständig erfolgen und darf nicht nebenbei mit der Kreisordnung erledigt werden, wie der Regierungsentwurf es beabsichtigte. Die Gemeinde trägt ihre Bedeutung in sich selbst und ist keine bloße Unterabtheilung des Kreises. Die Gemeinde muß sich dann auch in ihrer Organisation weit mehr, als es beim Kreise der Fall, an die in den einzelnen Provinzen bestehenden verschiedenen Verfassungen anlehnen und deshalb im Anschluß an diese geregelt werden. Endlich muß es als eine unerläßliche Voraussetzung für die Selbstthätigkeit der Gemeindeorgane angesehen werden, daß sie die sie speciell betreffenden Bestimmungen in einfach übersichtlicher Form gesondert zusammengefaßt finden.

Während die Entwickelung unserer städtischen Verhältnisse bereits in der Stein'schen Städteordnung vom 19. November 1808 einen durchaus gesunden Ausgangspunkt gefunden, hat unsere Landgemeindegesetzgebung fast völlig still gestanden und genügt den gesteigerten Anforderungen der Jetztzeit bei Weitem nicht mehr. Wir dürfen uns darüber nicht täuschen, daß wir auf diesem Gebiete so ziemlich von allen unsern deutschen Nachbarn längst überflügelt sind*) und daß wir, abgesehen

*) Es mag hier auf das Oesterreichische Reichsgesetz vom 5. März 1002 (Reichsgesetzblatt Stück IX. Nr. 18) und die sich daran schließenden Landesgesetze, auf die beiden für das rechts- und linksrheinische Baiern unterm 29. April 1869 ergangenen Gemeinde-Ordnungen, auf die Würtemberg'sche Gemeinde-Ordnung vom 6. Juli 1849, als vorzugsweise den Grundsätzen freiester Selbstverwaltung Rechnung tragend, hingewiesen werden.

von Schleswig-Holstein, auch in den 1866 erworbenen Provinzen Landgemeindeverhältnisse vorgefunden haben, mit denen die unsrigen nicht im Entferntesten sich messen dürfen*).

Vor Allem verdient die Hannover'sche Gemeinde-Organisation d. J. 1852, deren Grundlagen sich in dem jetzt gültigen Gemeindegesetze ziemlich unverändert erhalten haben, die eingehendste Beachtung. Auch dort siechte das Gemeindeleben unter dem Drucke einseitig büreaukratischer Auffassung, auch dort waren die Bauermeister nahezu zu Unterbedienten der Aemter, oder richtiger ihrer Unterbedienten (Vögte) degradirt. In strengstem Gegensatze hierzu, zugleich aber in gewissenhaftester Anknüpfung an die vorgefundenen, naturwüchsigen Verhältnisse, hat die Stüve'sche Gesetzgebung den Grundsatz freiester Selbstverwaltung zum Ausdruck zu bringen gewußt**). Sie hat für ihre Durchführung bestimmten Anhalt gewährt, ohne darum einer freien Handhabung, deren es bei den so verschiedenartig gestalteten Verhältnissen der Provinz so besonders bedurfte, irgend wie beengende Schranken zu ziehen. Sie hat sich deshalb in fast 20jähriger Praxis vorzüglich bewährt und wird um so mehr für unsere älteren Landestheile zum Muster dienen können, als die Hannover'schen Zustände weit hinein sowohl in die östlichen, wie in die westlichen Provinzen die zahlreichsten Analogien bieten.

In den westlichen Provinzen ist die Landgemeindegesetzgebung formell abgeschlossen***), auch sind hier, wo größere vielfach mit Vermögen ausgestattete Ortsgemeinden und eine intelligente wohlhabende Bevölkerung vorherrschend sind, die ersten Voraussetzungen für eine

---

*) Kurhess. Gem.-Ordnung vom 23. October 1834 (Kurhess. G.-S. S. 181).
Hannov. Landgemeindeges. vom 28. April 1859 und Ausführungsbekanntmachung von demselben Tage (Hannov. Ges.-S. I. S. 393. und 409).
Nass. Gem.-Ordnung vom 26. Juli 1854 (Nass. Verordn.-Blatt S. 166).
In Schleswig-Holstein ist erst von der Preußischen Regierung eine Landgemeinde-Ordnung unterm 22. September 1867 (Preuß. G.-S. S. 1603) eingeführt.

**) Die Grundgedanken sind vortrefflich in dem Regierungsschreiben an die Stände vom 1. Februar 1849 entwickelt (Actenst. der Hannov. Stände-Vers. 1849 S. 248, auch abgedr. in den Pr. Jahrb. Bd. 21. S. 654). Speciellere Ausführungen enthält die Schrift „Wesen und Verfassung der Landgemeinde" von Dr. S. Stüve (Jena 1851).

***) Landgem.-Ordnung für Westphalen vom 19. März 1856 (G.-S. S. 237) und Instruct. vom 9. Mai 1856 (M.-Blatt S. 147); Gemeinde-Ordnung für die Rheinprovinz vom 23. Juli 1845 (G.-S. S. 523); Gesetz vom 15. Mai 1856 (G.-S. S. 435); Instruction vom 18. Juni und 31. Juli 1856 (M.-Blatt S. 166 und 221).

gesunde Gemeindeverwaltung gegeben. Gleichwohl erscheint die kommunale Thätigkeit unter den einschränkenden Bestimmungen der Gesetzgebung, vor Allem aber unter dem darauf lastenden Alp des büreaukratischen Amtsmanns- und Bürgermeister-Instituts völlig verkümmert.

Nach der Westphälischen Landgemeinde-Ordnung hat der Gemeindevorsteher die Gemeindeverwaltung und Ortspolizei nur unter unmittelbarster Aufsicht und bez. Mitwirkung des Amtmanns zu handhaben (§§ 41. 48. 49. und 65.); dem letzteren müssen alle Gemeindebeschlüsse vor der Ausführung vorgelegt werden (§ 31.) und können von ihm beanstandet werden (§ 37.); ebenso hat er die Gemeindewahlen zu leiten (§ 28.). — Besonders scharf tritt der principielle Gegensatz zwischen der Hannoverschen und Westphälischen Gemeindegesetzgebung bezüglich der Bestellung der Gemeindeorgane hervor. Während nach jener überall die Wahl der Gemeinde entscheidet und nur bei den Gemeindebeamten — im Gegensatz zu den Gemeindedienern — einer nur unter wenigen ganz bestimmten gesetzlichen Voraussetzungen zu versagenden Genehmigung unterliegt (Gesetz vom 28. April 1859. §§ 25. bis 30.), sind nach der Westphälischen Landgemeinde-Ordnung alle Unterbeamten vom Amtmann oder Landrath zu ernennen (§ 43. und 44.), die Wahlen der Vorsteher und Stellvertreter aber der unbeschränkten Bestätigung des Landraths unterworfen (§ 38.); die peinlichste Handhabung der letzteren wird noch besonders zur Pflicht gemacht*). Dort also die unbefangene — durch die bisherige Erfahrung auf das Vollständigste bestätigte — Ueberzeugung, daß jede Gemeinde von selbst die Wichtigkeit der Stellung eines Ortsvorstehers genügend würdigen werde, dabei aber ihre Genossen am besten zu beurtheilen verstehe; hier — wo noch dazu die Bedeutung des Vorstehers, als eines bloßen Gehülfen des Amtmanns, so wesentlich abgeschwächt ist — das ängstliche Bevormundungsprincip mit seinem durch Nichts gerechtfertigten Mißtrauen

*) Die betreffende Vorschrift (Minist.-Instr. vom 9. Mai 1856. Nr. XII.) lautet wörtlich:

Die Landräthe haben bei der Bestätigung der gewählten Gemeindevorsteher und deren Stellvertreter mit der strengsten Gewissenhaftigkeit zu verfahren. Das Recht der Versagung und der event. Ernennung (§ 38.) ist in allen Fällen, wo das Interesse des Staats oder der Gemeinden es erheischt, pflichtmäßig in Ausübung zu bringen. Die Bestätigung darf nur erfolgen nach Erlangung der begründeten Ueberzeugung, daß der Gewählte den Erfordernissen seiner Stellung genügen werde. Es kann zu diesem Zwecke nöthigenfalls eine Prüfung angeordnet werden.

Ueber die Gründe der Versagung einer Bestätigung hat der Landrath nur auf Erfordern der vorgesetzten Behörde Auskunft zu geben.

gegen die Gemeinde und seiner unbedingten Zuversicht in die besserwissende Unfehlbarkeit des Beamten.

Noch weiter als die Westphälische, geht die Rheinische Gemeinde-Ordnung. Die engherzigen Anschauungen des französischen Staatswesens hat die Preußische Gesetzgebung zwar gemildert, aber noch längst nicht beseitigt; auch diese athmet noch den Geist eines jeder freien kommunalen Selbstthätigkeit durchaus abholden Mairie- und Präfectensystems. So überträgt sie dem Bürgermeister die eigentliche Gemeindeverwaltung, indem sie den Ortsvorsteher lediglich zu seinem Organ herabsetzt (§§ 76. 85. und 63). Die Fälle des Eingreifens der Aufsichtsbehörde sind vermehrt (§§ 64. 87. und 97). Sogar die Wahl der Gemeinde- und Bürgermeistereivertreter bedarf der staatlichen Bestätigung (§§ 58. und 111), während alle kommunalen Organe vom Bürgermeister und Vorsteher bis zum Unterbeamten herab von der Staatsbehörde ernannt werden (§§ 77—79. 103. 104. und Ges. vom 15. Mai 1856. Art. 20).

In unsern östlichen Provinzen fehlt es fast an jeder Ordnung. Im System des Allgemeinen Landrechtes (II. 7, Abschn. 2.) erscheinen die Dorfgemeinden unter dem Gesichtspunkt der Gesellschaften und Korporationen (§ 19.); sie finden ihren Platz zwischen den Abschnitten vom Bauernstande und dem von den unterthänigen Landbewohnern und ihrem Verhältniß gegen ihre Herrschaften. Diese Vorschriften tragen also heutzutage weder der publicistischen Bedeutung der Gemeinden, noch auch der völligen Umwälzung der Standes-, Agrar- und Gewerbeverhältnisse irgendwie Rechnung. Sie sind als das ruinenartige Bruchstück eines längst verfallenen Gebäudes stehen geblieben. Gleichwohl hat das Gemeindegesetz vom 14. April 1856 auf dieser obsoleten Grundlage weiter zu bauen versucht. Es hat sich dadurch mit den factischen Verhältnissen in Widerspruch gesetzt und um so weniger praktische Bedeutung gewinnen können, als es den Gegenstand keineswegs erschöpfend behandelt, es vielmehr an allen bestimmteren Anhaltspunkten, die bei so schwierigen und eingreifenden Organisationen so durchaus unerläßlich gewesen wären, gänzlich fehlen läßt. Rechnet man hinzu, wie verwirrt und wie schwer zugänglich bei dieser Entwickelung die Gesetzgebung geworden ist, so wird man begreifen, daß sie fast gar keine praktische Bedeutung hat gewinnen können, daß vielmehr das Bestehende sich ohne, ja oft gegen das Gesetz durch das wirkliche Bedürfniß hat herausbilden müssen.

Nach diesem Ueberblick glauben wir die Aufgaben unserer Gemeindegesetzgebung wie folgt zusammenfassen zu müssen:

1) Konstituirung der eines selbstständigen kommunalen Lebens unfähigen Verbände zu lebensfähigen Ortsgemeinden.

2) Organisation der Ortsgemeinden auf Grundlage der Selbstverwaltung.

3) Wiederherstellung der unmittelbaren Beziehung zwischen Kreis und Gemeinde durch Beseitigung der Zwischenbehörden, die in den älteren Provinzen als Districts-Commissare, Bürgermeister, Amtmänner, ebenso aber auch in den neueren Provinzen theils mit, theils ohne zugehörige Verbandsvertretungen sich vorfinden.

Die letztere Frage glauben wir als in das Gebiet der Kreisorganisation hinübergreifend mit dieser behandeln zu sollen. Hier wird dagegen die Abgrenzung und Verfassung der Gemeinden zu erörtern und auch auf die Verwaltung derselben insoweit einzugehen sein, als es sich nicht um die Thätigkeit der kommunalen Organe auf den unter Nr. VI. zusammenhängend zu betrachtenden Gebieten der staatlichen Verwaltungsgegenstände, der Polizei, des Schul-, Armen- und Wegewesens handelt.

1) Die wirthschaftliche wie die obrigkeitliche Verwaltung soll in größtmöglichem Umfange der Gemeinde und zwar der Ortsgemeinde übertragen werden. Dies nöthigt vor Allem zu einer festen diesem Zweck entsprechenden Begrenzung; es müssen auch da wirkliche Gemeinden gebildet werden, wo sie z. B. nicht bestehen. Alle unsere Gemeindegesetze, auch das für die östlichen Provinzen vom 14. April 1856, schreiben vor, daß jedes Grundstück zu einem Gemeinde- (Guts-) Bezirk gehören, oder wenn es dazu geeignet erscheine, zu einem solchen erklärt werden müsse.

Trotz dieser Vorschrift haben sich in den östlichen Provinzen, vor Allem in Preußen, Posen, Pommern und Brandenburg, neben den eigentlichen Gemeinden Verbände erhalten, in denen wegen ihres natürlichen Zusammenhanges mit anderen Gemeinden, oder wegen zu geringen Umfanges die selbstständige Erfüllung der nothwendig der Ortsgemeinde zufallenden Aufgaben völlig undenkbar ist*).

*) Einen allgemeinen Anhalt über Vertheilung der Civilbevölkernng auf die Landgemeinden und Gutsbezirke dürfte nachstehende, nach der amtlichen Preußischen Statistik Band XVI. Theil 2. S. 152 aufgestellte Uebersicht gewähren:

Selbst die so musterhafte Hannoversche Gemeinde-Organisation hat noch einzelne der besonders im Lüneburg'schen in der Bremischen Geest und in Theilen des Hoya'schen zahlreich vorhandenen ganz kleinen Verbände bestehen lassen, die einer kommunalen Entwickelung völlig unfähig sind.

Die Aufhebung dieser Scheingemeinden erscheint um so unbedenklicher, als in ihnen kommunales Leben sich nicht hat entwickeln können, hier also auch Nichts zerstört werden kann. Gleichwohl hat ein unberechtigter Partikularismus in diesen Gebilden seine engherzig berechnenden Privatinterressen unter dem Deckmantel publizistischer Bedeutung nur zu häufig zur Geltung zu bringen gewußt. Gegen diesen ist nur entschiedenes auf festen Grundsätzen fußendes Vorgehen erfolgreich anzuwenden. Es gilt, mit kräftigem Schnitt das todte Holz zu entfernen, damit die gesunden Zweige erhalten werden und kräftiger treiben können.

Die Gemeinde beruht — wie oben (II A, 1) näher erörtert ist — vor Allem auf der durch örtliche Zusammengehörigkeit bedingten Interessengemeinschaft. Was örtlich verbunden ist, darf nicht künstlich zerrissen werden. So ist der Fall denkbar, daß Gemeinden durch Erweiterungen — vielleicht nach einem gemeinsamen Mittelpunkt (Bahn-

---

Provinz.	Landgemeinden.			Gutsbezirke.		
	Anzahl.	Gesammte Civilbevölkerung.	Durchschnittl. Civilbevölkerung.	Anzahl.	Gesammte Civilbevölkerung.	Durchschnittl. Civilbevölkerung.
Preußen	7733	1,873,674	242	4183	524,417	125
Posen	3172	783,369	247	1925	336,317	175
Brandenburg .	3226	1,106,329	343	1933	217,854	113
Pommern	2072	634,752	306	2467	358,598	145
Schlesien	5630	2,533,932	450	3222	223,915	69
Sachsen	3048	1,216,966	408	984	52,716	54
Westphalen ...	1511	1,244,281	823	53	3,177	60
Rheinland	3168	2,203,041	695	14	351	25
Sigmaringen .	118	52,984	449	—	—	—
Schleswig	961	500,400	521	285	178,484	626
Hannover	4065	1,451,984	357	195	15,150	78
Hessen Nassau .	2229	962,596	432	25	3,224	129
Summa	36,932	14,564,308	394	15,286	1,914,203	125

hof, Fabrik) — so vollständig zusammengerückt worden, daß sie auch zu einer kommunalen Einheit verschmolzen werden müssen. Praktisch wichtiger wegen der Verschiedenartigkeit der in Betracht fallenden Verhältnisse, aber auch ungleich schwieriger ist die Inkommunalisirung derjenigen Güter, die, obwohl im Gemenge mit den Gemeinden liegend, sich getrennt von denselben erhalten haben*). Der Grund der Trennung liegt vorwiegend in der früheren Gutsherrlichkeit, die in Verbindung mit der Scheidung der Stände und der Gebundenheit des Grundbesitzes die Dorfgemeinde nur als die Gesammtheit der zusammenbelegenen bäuerlichen Grundstücke erscheinen ließ**). Diese Voraussetzungen sind längst weggefallen, während andererseits unter den heutigen Verhältnissen die Fortsetzung der Trennung mit einer gesunden kommunalen Entwickelung nicht mehr zu vereinigen steht. Die Gemeindeorganisation würde bei dem häufigen Wechsel, der in Folge der Wandelbarkeit des Grundbesitzes zwischen Guts- und Gemeindeländerei vor sich geht, auf einen völlig unsicheren und schwankenden Boden gerathen. Sodann weist die vermehrte publicistische Bedeutung der Gemeinde auf größtmögliche Concentration der örtlich vereinigten Kräfte und Mittel hin. Die Ortsgemeinde muß nicht nur selbstständig nach Außen, sondern auch zusammenhängend nach Innen organisirt sein. Eine Trennung ist bei den vermehrten Aufgaben des heutigen Gemeindelebens nicht mehr durchführbar. Die örtliche Vereinigung wird stets eine gewisse Interessengemeinschaft zur Folge haben, und wenn auch wegen der günstigeren Prästationsverhältnisse der Güter der größere Vortheil bei ihrer Vereinigung mit den Gemeinden zunächst häufig auf Seiten der letzteren liegen mag, so wird er doch auch für erstere niemals ganz wegzuläugnen sein. Dem Gute kann durch den Anschluß eine neue Last erwachsen, es liegt darin aber keine innere Ungerechtigkeit, sondern nur eine Consequenz des Gemeindeprincips, welches mittelst der verschiedenartigen Mittel und Kräfte seiner Glieder gemeinsame Zwecke erfüllen soll. So kann z. B. auf dem Gebiete der Armenpflege ein Gut durch Versagung von Wohnungen sich leicht des Zuzugs Besitzloser erwehren, während es gleichwohl auf Ausnutzung der in der Gemeinde vorhandenen Arbeitskräfte angewiesen ist, ja vielleicht durch eine Fabrikanlage eine vermehrte Niederlassung in

*) Die über das österreichische Gemeindegesetz im Juni 1861 geführten Reichsrathsverhandlungen sind bei der hervorragenden Bedeutung des großen Grundbesitzes in Böhmen und Mähren für diese Frage von besonderem Interesse.

**) Allgem. Landrecht II. 7. § 18.

der Gemeinde herbeiführen kann*). Aehnliche Beispiele lassen sich beim Schulwesen, Wegebau ꝛc. mit Leichtigkeit anführen. Auf allen diesen Gebieten wird diese Frage stets von Neuem auftauchen, wenn sie nicht in der Gemeinde-Organisation ein für alle Mal ihren bestimmten Abschluß erhält**). Die Gemeinde ist kein Actienverein, aus dem Jeder einen genau nach seinem Beitragsverhältniß bemessenen Vortheil herausziehen kann. Bei solcher jede höhere Bedeutung derselben verkennenden Auffassung würde jeder Wohlhabende überhaupt die Verbindung eher entbehren können, als der Arme; damit würden aber unlösbare Widersprüche heraufbeschworen, ja unsere ganzen Gemeindeverhältnisse einer auflösenden Anarchie entgegengeführt werden.

Man hat das Bedenken erhoben, daß ein wahrhaftes Gemeindeleben nur unter bäuerlichen Genossen oder unter Personen denkbar sei, die wenigstens annähernd in gleichen wirthschaftlichen und gesellschaftlichen Verhältnissen lebten, während durch den überwiegenden Einfluß des größeren Besitzers auf kleinere, vielleicht von ihm abhängige Gemeindeglieder die kommunale Bedeutung dieser letzteren zu einer bloßen Fiktion herabgedrückt werde. Im Allgemeinen wird allerdings eine Gemeinde um so leichter zu organisiren sein, je einfacher und gleichartiger die Elemente sind, aus denen sie sich zusammensetzt; gleichwohl müssen wir auch hier mit gegebenen Faktoren rechnen und müssen die Gemeinde organisiren, wie sie durch die Verhältnisse gegeben ist, nicht wie wir sie haben möchten. Zudem helfen die Umstände in vielen und grade in den schwierigsten Fällen ganz über diese Bedenken hinweg. Grade die meisten großen Güter werden ihrer isolirten Lage wegen als selbstständige, den Gemeinden gleich stehende Verbände bestehen bleiben können. Sodann wird in Gemeinden, wo ein einzelner größerer mit mehreren verhältnißmäßig sehr kleinen Besitzern zusammenwohnt, die Vorschrift***) mit gutem Erfolg anzuwenden sein, wonach ein einzelnes Gemeindemitglied, welches mehr als die Hälfte aller Gemeindelasten

---

*) Auch durch das Gesetz über den Unterstützungswohnsitz v. 8. März 1871 (G.-S. S. 130) wird diese Trennung der Guts- und Gemeinde-Armenpflege keineswegs beseitigt. Vgl. §§ 2. u. 11.

**) Die Scheidung ist die Quelle fortgesetzter Verirrung und Streitigkeiten geworden. Am schärfsten tritt das Naturwidrige des Verhältnisses jedenfalls da hervor, wo eine bereits vollzogen gewesene Vereinigung wieder rückgängig gemacht worden ist. So sind in den westphälisch gewesenen Theilen der Prov. Sachsen, wo die V. v. 31. März 1838 (G.-S. S. 62) solchen Rücktritt gestattete, die Verhältnisse noch heute zu keinem endgültigen Abschluß gediehen.

***) Hannov. Landgemeindeges. v. 28. April 1859 § 17. Nr. 1.

trägt, gegen Uebernahme aller dieser Lasten die Einräumung des ausschließlichen Stimmrechtes in der Gemeinde verlangen kann, insofern und so lange die Mehrzahl der übrigen Gemeindemitglieder damit einverstanden ist. Endlich ist es unerläßlich, daß auch den übrigen anzuschließenden Gütern eine ihrem Beitragsverhältniß entsprechende Vertretung gesichert werde. Es kann dies durch Einräumung von mehreren Stimmen — der Regel nach bis zu $^1/_3$ *) — in einzelnen besonderen Fällen vielleicht auch durch Beilegung des Berufungsrechtes an den Kreisausschuß geschehen. Ebensowohl müssen sie durch feste Normirung des Beitragsfußes, Beschränkung der Beitragspflicht für lediglich einem Theil der Gemeindeglieder dienende Zwecke auf die Interessenten ꝛc. vor Prägravation geschützt werden. Auf diesem Wege dürfte es um so eher gelingen, die Güter in befriedigender Weise in die Gemeinden einzuordnen, als nach Wegfall des gutsherrlichen Nexus und durchgeführter Ablösung der Lasten die Schärfe des Gegensatzes zwischen Gut und Gemeinde geschwunden ist und der sociale Conflikt zwischen beiden Elementen seine Lösung gefunden hat. Der Gutsbesitzer, der diese veränderte Stellung richtig erfaßt und dem Interesse seiner Gemeinde rückhaltlos sich hingiebt, wird der letzteren gar bald als willkommener, ja vielleicht unentbehrlicher Führer erscheinen und fortgesetzt den Einfluß und diejenige Bedeutung sich zu erhalten vermögen, auf die ein größerer Besitz und eine höhere Intelligenz ihn hinweisen. Er wird dann seinen Platz in der Gemeinde nicht nur finden, er wird sich auch auf demselben wohl fühlen können.

Wenn schon die Gemeinde sich in der Regel der Ortschaft anzuschließen hat, müssen gleichwohl — wie schon oben (II A, 1) hervorgehoben ist — solche ganz kleine Ortschaften und Güter, welche, obwohl abgesondert belegen, dennoch den kommunalen Aufgaben für sich allein schlechterdings nicht genügen können, zu Gemeinden vereinigt oder an bestehende Gemeinden angeschlossen werden und zwar auch gegen den Willen der Betheiligten. Es kommt wesentlich darauf an, die Grenze richtig zu ziehen, an der die Gemeinde beginnt. Es muß dabei den mannigfaltig gestalteten thatsächlichen Verhältnissen der nöthige Spielraum gegönnt, gleichzeitig aber den ausführenden Organen ein recht bestimmter Anhalt gegeben werden, ohne den — wie die Erfahrungen in den östlichen Provinzen es beweisen — auf diesem Gebiete ein vollständiger Abschluß nicht zu erreichen steht.

Zweck und Wesen der Gemeinde weisen ebensowohl auf persönliche

*) Hannov. Landgemeindeges. v. 28. April 1859 § 17. Nr. 1.

wie auf pekuniäre Leistungen hin. Ganz ohne die eine oder die andere dieser Voraussetzungen ist eine Gemeinde nicht denkbar.*) Beide Faktoren können sich dagegen bis zu einem gewissen Grade in der Weise gegenseitig ergänzen, daß größere Leistungsfähigkeit schon einen kleineren Kreis von Personen als für die kommunalen Aufgaben geeignet erscheinen läßt, während bei geringeren Mitteln erst der Zusammentritt einer größeren Anzahl von Personen diese zu einer wahrhaften Gemeinde heranwachsen läßt. Es folgt hieraus, daß — wie schon oben angedeutet ist — größere isolirt liegende Güter unbeschadet ihrer völlig verschiedenen inneren Organisation doch nach Außen hin als der Gemeinde gleichberechtigte Glieder bestehen dürfen, dann aber, daß bei Beurtheilung der Zulässigkeit eines Verbandes als Gemeinde neben der Einwohnerzahl auch die Steuerkraft in Betracht genommen werden muß. Man wird von einer bestimmten Bevölkerungszahl (etwa 150) und von einem gewissen Steuersoll (etwa 500 Thlr.) ausgehen müssen. Gemeinden und isolirte Gutsbezirke, die über eins dieser Ziele hinausgehen, werden als zu selbstständigen Bezirken geeignet ohne Weiteres angesehen werden dürfen. Bei ihnen muß — mag auch in manchen Fällen eine Vereinigung als erwünscht anzustreben sein — doch jeder Zwang dazu ausgeschlossen bleiben müssen. Bei kleineren Verbänden muß hingegen die zwangsweise Vereinigung die Regel bilden. Ausnahmen sind nur da zuzulassen, wo entweder bei völlig isolirter Lage jeder Anschluß schlechterdings unausführbar ist, oder wo die Möglichkeit nachhaltiger Erfüllung aller kommunalen Aufgaben speciell nachgewiesen wird. Dazu muß aber neben den eigentlichen Gemeindeeinrichtungen insbesondere auch das Vorhandensein eines zur Uebernahme der kommunalen und staatlichen Funktionen völlig geeigneten Organes gerechnet werden. Solche kleineren Verbände werden der Regel nach in denjenigen verschiedenen kommunalen Beziehungen, in denen größere Gemeinden für sich allein zu bestehen vermögen, sich bereits zu Verbindungen mit anderen Gemeinden genöthigt gesehen haben. Darin liegen beachtenswerthe Fingerzeige sowohl für die Nothwendigkeit des Anschlusses, als für die Richtung, die derselbe zu nehmen hat.

In der Konsequenz dieser Grundsätze liegt es dann, daß auch prästationsfähige Gemeinden sich den Anschluß solcher für sich allein unselbstständiger Bezirke gefallen lassen müssen, deren Lage und Verhältnisse auf eine solche Verbindung hinweisen.

---

*) Unbebaute Besitzungen (Forstkomplexe ꝛc.) sind demgemäß zu besonderen Gemeinden nicht geeignet.

Sowohl bei Inkommunalisirung der im Gemenge liegenden Güter, als bei derjenigen der für ein Gemeindeleben zu kleinen Verbände liegt der Schwerpunkt in der Art der Ausführung. Grade hier erscheint es für eine einfache und richtige Lösung der Aufgabe von hervorragender Bedeutung, daß die Entscheidung der dabei unterlaufenden wichtigen Fragen nicht in die Hand der Behörde, sondern in die eines Kreisausschusses gelegt werde. Er erscheint zu einer unbefangenen und sachgemäßen Beurtheilung dieser rein thatsächlichen und lokalen Gegenstände ganz vorzugsweise berufen. Wird dabei der Gang des Organisationswerkes von der Provinzialbehörde im Allgemeinen geleitet und überwacht und für etwaige Rekurse in einer Kommission des Provinziallandtages eine Instanz geschaffen, so erscheinen alle Interessen vollkommen gewahrt. Es erscheint durch solches Verfahren zugleich ein rascher Abschluß des Organisationswerkes ermöglicht, während die weitläufigeren Kautelen, die die altpreußischen Landgemeindegesetze und nach ihnen die Schlesw.-Holsteinische Landg.-O. v. 22. Sept. 1867 enthalten, einen solchen erschweren und ins Endlose verzögern müssen.

2) Die Verfassung der Gemeinden erfordert bei dem sehr verschiedenartigen Umfange der Interessen und Pflichten, die auf einem verhältnißmäßig eng begrenzten Gebiete sich zusammenfinden, eine diesen Verhältnissen entsprechende Abstufung des Stimmrechtes. Es erscheint dies gewissermaßen als Konsequenz der Beitragsregulirungen, die während in früherer Zeit die geringeren Beiträge ohne oder doch nur mit wenigen Unterscheidungen — nach dem nachbargleichen s. g. Reihe-Fuß — gesammelt wurden, bei gesteigerten Anforderungen und zunehmender Verschiedenheit der Gemeindeelemente mehr und mehr den Leistungsverhältnissen der Einzelnen sich anpassen mußten. Das Dreiklassensystem, welches in den Landgemeinden der westlichen Provinzen Eingang gefunden hat,*) wird in seiner schematischen Willkürlichkeit kaum noch Vertheidiger finden; die Stimmordnung muß vielmehr — wie dies für die östlichen und die Provinzen Hannover und Schleswig-Holstein bereits anerkannt ist**) — statutarisch durch Gemeindebeschluß festgestellt werden. Die specielle Leitung der Verhandlungen durch die Kreisbehörden wird bei der Schwierigkeit derselben in der Regel nicht zu umgehen sein. Die Genehmigung der Statuten und nöthigenfalls

*) Westphäl. Landg.-O. v. 19. März 1856 § 27. Rhein. Gem.-O. v. 23. Juli 1845 § 50. Nass. Gemeinde-Wahl-O. v. 26. Juli 1854 § 3.

**) Ges. v. 14. April 1856 § 3. Hannov. Landgemges. v. 28. April 1859 § 4. Schlesw.-Holst. Gem.-O. v. 22. Sept. 1867 §§ 8 u. 9.

die Ergänzung derselben fällt dem Kreisausschuß zu. Das Gesetz kann sich nur auf allgemeine Anhaltpunkte für die Regelung beschränken. Danach ist zunächst von solchen Gemeindegliedern auszugehen, denen je eine Stimme beigelegt werden soll. Es können dies die Besitzer entweder von Häusern, oder von solchen Stellen sein, die in vielen Gemeinden unter verschiedenen Bezeichnungen (Köthner, Kossäten, Büdner ꝛc.) mit einem ziemlich gleichmäßigen Minimal-Besitzumfange sich vorfinden. Kleinere Besitzer und Miethsleute, soweit sie überhaupt zu den Gemeindelasten herangezogen werden, sind auf Bruchtheile von Stimmen zu beschränken. Dies verdient vor der Vereinigung zu Collectivstimmen den Vorzug, weil letztere die Organisation komplizirter machen, insbesondere bei Bildung von Gemeindeausschüssen die Gemeindemitgliedschaft auf das Wählen von Wählern beschränken würde, was der Einfachheit der Verhältnisse in den Landgemeinden wenig entspricht. — Größeren Besitzern ist in Gruppen, welche nach Maßgabe der vorhandenen Besitzungen abzustufen sind, ein Mehr von Stimmen, oder — wie es schon oben bezüglich der Einfügung der Güter angedeutet wurde — eine Quote aller Stimmen einzuräumen. Ein wichtiges Kriterium, eine Art Ruhepunkt für diese Abstufung bildet in der Mehrzahl der Fälle die Spannfähigkeit der Besitzungen (Haltung von 2 Pferden), insofern diese schon auf die wirthschaftliche Stellung des Besitzers, namentlich aber auf die Art seiner Leistungen gegenüber der Gemeinde einen großen Einfluß äußert.*) Forensen und Gemeindeglieder, deren steuerbare Einkommenszweige nicht in Grundbesitz bestehen, sind ihrem Gemeindebeitrag entsprechend einzureihen, insbesondere werden größere gewerbliche Etablissements grundsätzlich ebenso zu behandeln sein, wie größere Güter.

In allen größeren Gemeinden bedarf es einer gewählten Vertretung, eines Gemeindeausschusses; die Berufung aller Stimmberechtigten würde ebensowohl unnöthige Belästigung für diese, als Schwerfälligkeit für die Verwaltung zur Folge haben. Da dieses Bedürfniß sich überall gleichmäßig geltend machen wird, sobald die Zahl der Gemeindeglieder über ein gewisses Maß hinauswächst, ist es unbedenklich, die Einrichtung des Ausschusses bei einer Zahl von mehr

*) In der Provinz Hannover soll regelmäßig das Stimmrecht der spannfähigen Besitzer überwiegen (Gesetz vom 28. April 1859. § 17. Nr. 2), was in Gemeinden mit überwiegend landwirthschaftlicher Beschäftigung sich durchaus bewährt hat.

als 40 Betheiligten*) obligatorisch zu machen, übrigens sie in das Belieben der Betheiligten zu stellen.

3) Nach Aufhebung der Lehn- und Erbschulzenämter im Sinne der bei Berathung der Kreisordnung geführten Verhandlungen**) sind die Ortsschulzen (Ortsvorsteher) und Schöppen (Beigeordneten) von der Gemeinde zu erwählen. Dabei ist es nach den in Hannover gemachten Erfahruugen völlig unbedenklich, daß die Versagung der Bestätigung von bestimmten gesetzlichen Voraussetzungen abhängig gemacht werde.***) Wo sich diese Versagung nicht aus positiven Thatsachen (Verlust der bürgerlichen Ehre, fehlende Gemeindemitgliedschaft ꝛc.) von selbst ergiebt, muß sie von der Zustimmung des Kreisausschusses abhängig gemacht werden. Dringende practische Gründe sprechen ferner dafür, daß die Dienstzeit auf mindestens 6 Jahre†) bestimmt und nicht wie es bei Berathung der Kreisordnung Seitens des Abgeordnetenhauses geschehen, auf drei Jahre herabgesetzt werde. Jede Gemeindeverwaltung bedarf einer gewissen Stabilität, die ihr bei kürzerer Dienstzeit ihres ersten Organes leicht verloren gehen kann; die häufige Wiederholung der Wahl wird oft lästig werden und das Interesse an derselben abschwächen, woneben es dem so Gewählten kaum gelingen wird, sich vollständig in sein schwieriges Amt hineinzuleben, da er dasselbe nach kaum vollendeter Lehrzeit wieder verlassen muß. Endlich darf nur

---

*) Die Kurhess. Gemeinde-Ordnung vom 23. October 1834. § 37. setzt diese Zahl auf 50 fest.

**) Die §§ 30—38. des Kreisordnungs-Entwurfs sind ohne große Kämpfe vom Abgeordnetenhause angenommen. Wenn dabei neben einer weniger in's Gewicht fallenden Modifikation des § 31. die im § 34. der Regierung zugedachten Regulirungsverhandlungen dem Kreisausschuß zugetheilt werden, so entspricht dies durchaus der letzterem in Gemeindeangelegenheiten zugedachten Stellung.

***) Landgemeindegesetz vom 28. April 1859. §§ 25—29.

Neben den allgemeinen gelten folgende Ausschließungsgründe:

a) Mangelndes eigenes Stimmrecht in der Gemeinde, indeß ist die Wählbarkeit auf Pächter und Verwalter, die in Vertretung der betreffenden Güter ein Stimmrecht ausüben, ausgedehnt.
b) Gewisse Bestrafungen und unsittliche Handlungen (vergl. § 9.)
c) Mangelnde Befähigung.
d) Nahe Verwandtschaft unter den Gemeindebeamten.
e) In der Regel Betrieb der Gast- und Schankwirthschaft.

†) In Hannover (Bek. vom 29. April 1859. § 29.) wird die Dienstzeit durch Gemeindebeschluß innerhalb der Zeit von 6 und 12 Jahren festgestellt. In Westphalen (Landgem.-Ordn. vom 19. April 1859. § 37.), der Rheinprovinz (Ges. vom 15. Mai 1856. Art. 20.), in Schleswig-Holstein (V. vom 22. Septbr. 1867. § 19.) gilt grundsätzlich als Regel eine sechsjährige Dienstzeit.

dann erwartet werden, daß er den nöthigen Eifer und die erforderliche Thatkraft für größere, auf mehrere Jahre sich erstreckende Anlagen (Wegebauten 2c.) entwickeln werde, wenn er überzeugt ist, daß er sie vollenden oder doch zu einem gewissen Abschluß führen kann. Andererseits bleibt bei einer sechsjährigen Periode die Freiheit der Entschließung für die Gemeinde vollkommen gewahrt; auch wird der zeitweilige Ersatz schwächer gewordener Kräfte durch jüngere in keiner Weise eingeschränkt.*)

Von größter Bedeutung erscheint es endlich, daß die Autorität des Vorstehers auf jede Weise gehoben und seine Thätigkeit nach Möglichkeit unterstützt und gefördert werde. Je größer die ihm zu übertragen- Pflichten werden, um so weniger dürfen ihm die zu ihrer Erfüllung unentbehrlichen Rechte vorenthalten bleiben. Man wird ihm neben der Befugniß, eine Leistung nach vergeblicher Aufforderung auf Kosten des Verpflichteten durch einen Dritten vornehmen zu lassen,**) auch ein beschränktes Strafrecht nicht versagen dürfen. Die Veranlassung zur Anwendung desselben kann schon in der Kommunalverwaltung sich ergeben;***) sie wird aber häufiger bei Verwaltung der Polizei und der übertragenen staatlichen Verwaltungsgegenstände eintreten. Wenn z. B. der Vorsteher von Neuanziehenden den Ausweis der abgeleisteten Militairpflicht erfordern soll,†) so darf er zu dem Ende so wenig auf den guten Willen des Betheiligten, wie auf die Hülfe der höheren Behörden angewiesen werden. Diesem Gesichtspunkt ist durch § 27. des Kreis-

---

*) Im Abgeordnetenhause (Sten. Ber. S. 1359—64.) hat sich die Opposition vornemlich gegen die in der Regierungsvorlage zugelassene Lebenslänglichkeit gerichtet, weil man diese mit Recht mit der den Vorstehern übertragenen Wählerschaft zum Kreistage (§ 80.) für unvereinbar hielt. Die speciell gegen die sechsjährige Dienstzeit erhobenen Einwendungen fallen nicht entscheidend in's Gewicht. Als gradezu bedenklich für die Auffassung der Stellung würde es aber erscheinen, wenn das von einem Abgeordneten hervorgehobene Motiv für die Regelung entscheidend werden sollte, wonach wegen der Beschwerden der Stellung demjenigen, der es drei Jahre lang getragen hat, die Möglichkeit gewährt werden müsse, dasselbe abzuwerfen.

**) Executio ad faciendum. Die durch Ges. vom 11. März 1850 (G.-S. S. 265.) § 20. und vom 20. Sept. 1867 (G.-S. S. 1529.) § 18. den Polizeibehörden gegebene desfallsige Befugniß wird unbedenklich auch den Ortsbehörden übertragen werden können.

***) Das Hannov. Gemeindegesetz vom 28. April 1859. § 45. ermächtigt den Vorsteher bei Geldbuße bis zu 1 Thlr. die Gemeindeversammlung zu laden und das unzeitige Weggehen aus derselben oder Störungen zu verbieten. Ein entsprechendes Strafrecht steht den Gemeinden in Flurpolizeisachen nach § 71. zu.

†) Ersatz-Instruction vom 26. März 1868. § 182.

ordnungsentwurfs entsprochen, der den Ortsvorsteher berechtigt, nach vorgängiger Androhung eine Geldbuße bis zu 1 Thlr. zu verfügen und in seiner Nothwendigkeit auch von der Majorität des Abgeordnetenhauses anerkannt worden.*)

Die Förderung und Erleichterung des Vorsteherdienstes beruht nicht allein auf der Gesetzgebung, sie ist zugleich wesentlich Aufgabe der Verwaltung. Wie wichtig in dieser Beziehung eine Vereinfachung des Formenwesens ist, wurde bereits oben (Nr. I) erwähnt. Eine büreaumäßige Geschäftsführung ist für die Ortsvorsteher völlig entbehrlich. Mit der Aufbewahrung der Gemeinderechnungen, der Recesse und wichtigeren Gemeindebeschlüsse, sowie der Gesetzsammlungen wird der Sache vollkommen genügt. Durch übersichtliche Instructionen — die nicht etwa Formalismus predigen,**) sondern die in Betracht kommenden und in verschiedenen Publikationsorganen zerstreuten Vorschriften kurz und übersichtlich nachweisen —, durch praktische Formulare für Gemeindebeschlüsse und alle sich häufiger wiederholenden Geschäfte, kann weiter geholfen werden. Angelegenheiten, die vielleicht der eine oder andere Vorsteher überhaupt nicht oder nur mit Schwierigkeiten zu erledigen vermag, weiläufige Nach-

---

*) Der Antrag, daß über Rekurse gegen solche Verfügung, soweit Gesetzmäßigkeit in Frage stehe, das Gericht zu entscheiden habe, ist hier unterlegen, hat dagegen in Ansehung der gleichen Befugniß des Amtshauptmanns (§ 50. des Entwurfs) gesiegt. Die an sich einfachste Verfügung soll demgemäß, je nachdem es sich um ihr gesetzliches oder ihr Zweckmäßigkeitsmotiv handelt, in die Bahn des gerichtlichen oder administrativen Verfahrens geleitet werden, möglicherweise beide Prozesse durchmachen, wobei leicht ein vom Richter für rechtmäßig erkannter Act von der Verwaltungsbehörde verworfen werden kann. Eine solche Vermengung der Gewalten beschwört Gegensätze und Kompetenzkonflikte herauf, für die es an jeder Vermittelung fehlt. Die Grenze zwischen Justiz und Verwaltung wird vollständig verwischt, die erfolgte Trennung zwischen beiden Gebieten gewissermaßen rückgängig gemacht.

Am Eigenthümlichsten aber ist es, daß der Selbstverwaltung, die grade ihrerseits darauf berechnet ist, die büreaukratische Phalanx zu durchbrechen, aus Angst vor ihren eigenen Ausschreitungen von vornherein Fesseln anlegt, daß ihre Organe, noch bevor sie der Bevormundung der Behörden entrückt sind, bereits unter gerichtliche Curatel gestellt werden. Dem eigenen Rechtssinn der Bevölkerung wird gradezu gemißtraut, wenn man so die Bedeutung seiner Vertretungen, als des wirksamsten Korrektivs gegen polizeiliche Ausschreitungen, verkennt und eine wirksame Rechtskontrolle stets nur beim studirten Richter glaubt finden zu können. Mit solch doktrinärer Theorie wird man nie zur Selbstverwaltung gelangen.

**) In diesem Sinne hat die Regierung zu Oppeln unterm 3. April 1868 eine paragraphenreiche Instruction für Dorfschreiber erlassen, worin unter Anderen die Führung eines Journals und Actenrepertoriums gefordert wird.

weisungen, überflüssige Vacatbescheinigungen sind möglichst ganz fern zu halten.

Vorzugsweise erscheint der Landrath berufen, die Ortsvorsteher in unausgesetztem persönlichen Verkehr mit Rath und That zu unterstützen, zugleich aber das Ansehen der Stellung dadurch zu heben, daß er dieselben nicht lediglich als seine Organe ausnutzt, sondern in ihnen gleichzeitig die Vorstände von in ihrer Sphäre selbstständigen Organismen erkennt und hochhält. Wenn weiter das Vorsteheramt die Stufe zum Kreisausschusse wird, wenn in diesem die thätigeren und von Gemeingeist beseelten Vorsteher ihre Stelle finden und in ihrem Sinne auf die übrigen zurückwirken können, dann dürfen wir hoffen, daß die hohe Bedeutung dieses Ehrenamtes überall die gehörige Würdigung finde, daß die Stellung nirgend mehr als lästige Verpflichtung, sondern stets nur als ehrenvolles Ziel erscheint, das von den Besten des Ortes mit Eifer erstrebt wird.

4) Die Anforderungen, welche an die Gemeinden gemacht werden, sind beständig gewachsen. Zugleich mehrt sich die Neigung, dieselben statt der früheren Naturaldienste durch Geldbeiträge zu erfüllen.*) Die Frage der Besteuerung rückt damit um so mehr in den Vordergrund, als in den 5 östlichen Provinzen nur ein mäßiges und ziemlich ungleichmäßig vertheiltes Grundvermögen in den Landgemeinden sich vorfindet,**) daneben aber mehrfach neue Elemente in den Gemeindeverband eintreten werden, die bei Regelung dieser Frage sehr wesentlich betheiligt sind. (Vergl. Nr. 1.)

Wir müssen hier die Frage der Kreisbesteuerung einflechten, denn die entscheidendsten Gründe sprechen dafür, diese mit der Gemeindebesteuerung in ein festes System zu bringen, so daß die Kreislasten auf die Gemeinden repartirt und von diesen nach eigenem Ermessen subrepartirt und eingezogen werden:

---

*) Diese Neigung ist natürliche Folge der Geldwirthschaft und wird als solche selbst da sich geltend machen, wo diese Dienste ausschließlich von Gemeindegliedern verrichtet zu werden pflegen. Die dem Einzelnen obliegenden Leistungen brauchen der wirthschaftlichen Abkömmlichkeit seiner Spann- und Arbeitskräfte nicht nothwendig zu entsprechen und werden deshalb zweckmäßiger in Gelde ausgedrückt, um nach Belieben des Pflichtigen ganz oder theilweise abverdient zu werden.

**) Die älteren Provinzen folgten nach einer 1857 gemachten Zusammenstellung bezüglich des Einkommens der Landgemeinden aus Grundstücken in nachstehender Reihe: Rheinprovinz 925,978 Thlr., Sachsen 216,949 Thlr., Westphalen 121,710 Thlr., Brandenburg 46,623 Thlr., Schlesien 28,292 Thlr., Posen 21,330 Thlr., Preußen 20,119 Thlr., Pommern 15,344 Thlr.

1) Der Kreis setzt sich lediglich aus den einzelnen in sich fest organisirten Gemeindekörpern zusammen. Die Einsassen treten zu dem Kreise nicht direct, sondern erst als Mitglieder der betreffenden Gemeinde in Beziehung.
2) Die Kreisverwaltung wird außerordentlich vereinfacht. Die Repartition auf die Gemeinden ist leicht zu übersehen, Reclamationen und Reste werden fast vollständig vermieden; Führung und Controlle der Rechnung sehr wesentlich erleichtert.
3) Für die einzelnen Contribuenten ist es gleichfalls von Wichtigkeit, in den Gemeinderechnungen neben den Gemeindeleistungen zugleich Maßstab und Verwendung der Kreisbeiträge übersehen und kontrolliren zu können.
4) Wenn wohlhabende Gemeinden — und es giebt deren, die zeitweilig ohne Gemeindeumlagen Ueberschüsse haben — ihren Kreisbeitrag ganz oder theilweise aus Vermögenseinnahmen zu decken vermögen, so darf ihnen dies nicht verschlossen werden.

Der Kreisordnungsentwurf (§ 10.) verfolgt im Allgemeinen diese Tendenz. Er mußte indessen auf halbem Wege stehen bleiben und das Recht der freien Untervertheilung auf die Städte beschränken, weil er in vielen Landgemeinden die Abgabensysteme noch zu ungenügend entwickelt vorfand. Mit der zuvorigen oder gleichzeitigen Regelung der Landgemeindeverhältnisse, für deren Nothwendigkeit hier ein neuer Belag gegeben ist, fällt der Grund dieser Einschränkung hinweg.

In Bezug auf den Maßstab der Besteuerung stehen sich zwei Ansichten direct gegenüber. Die erstere verlangt die allgemeine gesetzliche Regelung, weil andernfalls

1) Der heftige Kampf der persönlichen Interessen eine angemessene Lösung auf dem eng begrenzten lokalen Gebiete nicht möglich mache;
2) der Schutz der Minorität das Eingreifen der Aufsichtsbehörde in einem die Selbstständigkeit des Gemeindelebens gefährdenden Umfange erfordere;
3) der „verrottete Wust" der Urbarien, Stiftungsbriefe, Privilegien und Observanzen in den völlig veränderten kommunalen Elementen und Aufgaben jede Bedeutung verloren habe, während die bisherige Erfahrung auf den Anschluß an das bestehende Steuersystem hinweise.

Von der anderen Seite wird der ortsstatutarischen Feststellung des Lastenfußes vor der generellen Regulirung der Vorzug gegeben, weil letztere

1) einen Rückschritt auf der Bahn der Selbstverwaltung in sich schließe, indem sie den Verbänden diese einen so wesentlichen Theil ihrer bisherigen Competenz bildende Autonomie entziehe;
2) in die bestehenden Beitragsverhältnisse eingreife, die sich in vielen Fällen durchaus bewährt, Manches geleistet und an die jedenfalls die Pflichtigen sich gewöhnt hätten;*)
3) die Berücksichtigung invidueller Verhältnisse ausschließe, die bei der großen Verschiedenartigkeit der Interessen nicht zu entbehren sei;
4) Die Härten, welche die principielle Unvollkommenheit unseres Staatssteuersystems in sich schließe, noch verstärke.

Es läßt sich gewiß nicht verkennen, daß in den unerquicklichen Steuerregulirungs-Debatten größtentheils nur unberechtigter Egoismus unter dem Mantel lokaler Eigenthümlichkeiten sich zu decken sucht und daß es heilsam und der Selbstverwaltung förderlich sein würde, wenn es gelänge, diese Verhandlungen ganz abzuschneiden, oder doch in bestimmte Grenzen zu bannen. Dabei ist das allen eintretenden Veränderungen sich anschmiegende Staatssteuersystem, worauf schon das Allg. Landrecht (II. 7. § 43.) hinweist, mehr und mehr zur Regel für die gesammte Kommunalbesteuerung geworden. In der Hauptsache verdient deshalb das erstere Princip den Vorzug. Gleichwohl läßt sich eine gewisse Berücksichtigung individueller Verhältnisse nicht ganz zurückweisen. Auch darf nicht übersehen werden, daß grade in der letzten Zett die principielle Richtigkeit unseres Steuersystems sehr ernstlich in Frage gestellt ist, daß namentlich die in demselben enthaltene Ueberlastung des realen gegenüber dem beweglichen Besitz vermehrte Beachtung zu finden scheint.**)

---

*) Den Grundsatz der statutarischen Regelung vertritt: Gesetz f. d östlichen Provinzen vom 14. April 1856. §§ 11. und 12. Westph. Landgem.-Ordn. v. 19. März 1856. § 57. Rhein. Gemeindegesetz vom 15. Mai 1856. Art. 7. Schleswig-Holst-Gemeindeges. vom 22. September 1867. § 24. 25. Hannov. Landgemeindeges. vom 28. April 1859. §§ 41. Nr. 9. und 42. Nr. 8. Bekanntmachung von demselben Tage § 47.—54. und kurhess. Gemeinde-Ordnung vom 23. October 1834. §§ 3. und 77., wogegen nach dem Nass. Gesetze vom 26. Juli 1854. §§ 36. und 37. die Staatssteuer zu Grunde gelegt wird.

**) Der Grundbesitz wird:
a) ganz vorzugsweise von der Stempelgesetzgebung und gerichtlichen Gebührentaxe getroffen;
b) neben der Besteuerung des Einkommens aus Grund und Boden nochmals mit der Grundsteuer belegt;

Von einem Hineinziehen der Staatssteuer-Gesetzgebung in die Verwaltungs-Organisation kann nicht füglich die Rede sein. Die letztere muß das Steuersystem nehmen, wie es ist, darf aber dessen Unebenheiten auf ihrem Gebiet nicht noch verstärken, zumal in der Kommunalbesteuerung die auf eine theilweise Ausgleichung derselben berechnete indirecte Steuer gänzlich fehlt.

Wenn auf der anderen Seite der Grundbesitz die festesten Bestandtheile des Verbandes bildet, dadurch in seinen Interessen mit den Einrichtungen desselben enger verknüpft erscheint und auch in der Verbandsvertretung eine gewisse Berücksichtigung für sich in Anspruch nimmt, so muß unbedingt hierauf auch bei der Besteuerung entsprechende Rücksicht genommen werden. Immerhin bleibt aber der mit diesen Thatsachen verbundene Vortheil nur ein theilweiser und bedingter. Die Ausgleichung wird dadurch erleichtert und vereinfacht, keineswegs aber ganz entbehrlich gemacht.

Auf diesen Gesichtspunkten beruht die auch vom Abgeordnetenhause gebilligte Bestimmung des Kreisordnungsentwurfs (§ 9.), wonach es bei Zugrundelegung der gesammten directen Steuern (incl. der Mahl- und Schlacht- und excl. der Hausirgewerbe-Steuer) der Beschlußnahme des Kreises überlassen bleibt, nicht nur die Gewerbesteuer und Klassensteuer in den 3 untersten Stufen ganz frei zu lassen, sondern auch die Grund- und Gebäudesteuer mit einem bis zur Hälfte ermäßigten Betrage neben den vollen persönlichen Steuern heranzuziehen. Diese Festsetzung schließt sich einer bereits sehr verbreiteten und im Allgemeinen bewährten Praxis an und hat auch bereits in den Zweigen der Gesetzgebung, in denen wegen noch nicht erfolgter Ordnung des ländlichen Communalwesens in der Frage hat vorgegriffen werden müssen, ihren bestimmteren Ausdruck gefunden.*) Sodann lassen sich die Grundsätze, nach denen die

---

c) bei höherem Procentsatz der letzteren (9—10%) stärker herangezogen, sowohl als die gleich ihm der Doppelbesteuerung unterliegenden Gewerbe, als das überhaupt nur einmal besteuerte übrige Einkommen (2—3%);

d) auch da voll von der Steuer getroffen, wo Schulden und Lasten seine Nutzungen schmälern.

Diese Unbilligkeiten lassen sich darauf zurückführen, daß in der Praxis Steuerfragen nie ganz mit der Theorie in Einklang zu bringen sind. Daneben erscheinen sie aber auch noch als Vermächtniß jener Zeit, in der der Grundbesitz die weit überwiegende Quelle allen Einkommens bildete. Je größeren Umfang inzwischen daneben die Erträge der Großindustrie und des Capitals gewonnen haben, um so weniger werden die auf entsprechende „Besteuerung der Börse" gerichteten Bestrebungen für die Dauer sich zurückdrängen lassen.

*) Armenbeiträge werden in Gesammt-Armenverbänden nach der ganzen Klassen-

Selbstbestimmung sich innerhalb der damit gezogenen Grenzen zu bewegen hat, so speciell bestimmen, daß damit die für eine sachgemäße Handhabung der Vorschrift so durchaus unerläßlichen Anhaltspunkte in völlig ausreichender Weise geboten werden.*) Die Bestimmung stellt sich damit als eine durchaus angemessene Vermittelung zwischen den angeführten Systemen allgemein gesetzlicher und speciell statutarischer Festsetzung des Lastenfußes heraus. Mögen die Vertheidiger der ersteren darin zunächst nur einen Uebergang sehen; die Berechtigung eines solchen wird nie vollständig, am Wenigsten aber bei einer so tief eingreifenden Organisation in Abrede gestellt werden dürfen. Im Allgemeinen darf dieser Maßstab auch als der auf die Landgemeinden anwendbare angesehen werden,**) wodurch sich in den meisten Fällen die so wünschenswerthe Uebereinstimmung zwischen Kreis- und Gemeindesteuersystem herausstellen wird.

Für beide Besteuerungen bedarf es indeß neben der durch Specialgesetze***) zugelassenen noch einer weiteren Einschränkung. Sowohl aus der Natur gewisser Anlagen als aus dem Verhältniß einzelner Kontribuenten können sich Umstände ergeben, deren Berücksichtigung bei der Besteuerung nicht ganz von der Hand zu weisen ist und theils in bestimmten Vereinbarungen Ausdruck gefunden, theils aber selbst in gesetzliche Regeln gebracht ist.†) Die Aufrechterhaltung dieser

---

und Einkommen- und der halben Grund-, Gebäude- und Gewerbesteuer (Ges. über den Unterstützungswohnsitz vom 8. März 1871. G.-S. S. 130. § 10.); Schulwittwenkassenbeiträge in einem zusammengesetzten Schulverband nach den gesammten direkten Steuern (Ges. vom 22. Septbr. 1869. G.-S. 1870. S. 1. § 4.) auf die zugehörigen Gemeinden vertheilt.

*) Vergl. Motive S. 61. und 62. — Sowohl die Leistungsfähigkeit der Grundbesitzer und Gewerbetreibenden, als der Umfang ihres Interesses an den Kreiseinrichtungen können hier entscheidend werden. In ersterer Beziehung wird das Vorwiegen eines kleinen Handwerkerstandes oder eines stark verschuldeten Grundbesitzes — wie solcher z. B. in einer zur Kreisordnung eingebrachten Petition des Kreises Inowraclaw sehr bezeichnend geschildert wird — entscheidend sein. In letzterer Beziehung wird man davon auszugehen haben, daß der für die staatliche und die allgemeine Kreis- und Gemeinde-Verwaltung erforderliche Bedarf richtiger nach Maßgabe der persönlichen Steuern beschafft und die größere oder geringere Ausdehnung der vorwiegend dem Grundbesitz und Gewerbebetrieb zu Statten kommenden Einrichtungen (Chausseen 2c.) für den Procentsatz der besonderen Heranziehung der Grund- und Gewerbesteuern maßgebend wird.

**) In den Gemeinden der westlichen Provinzen findet das System ungleichmäßiger Staatssteuerzuschläge bereits überwiegende Anwendung.

***) Kreis-Ordnungsentwurf § 11.

†) Am Bezeichnendsten erscheint auch hierfür die durch mehrfache Erfahrungen zur Zufriedenheit aller Betheiligten bewährte Vorschrift des Hannoverschen Wege-

Vereinbarungen und Vorschriften erscheint unbedenklich. Einer Ausdehnung über das nothwendige Bedürfniß wird schon das Interesse einheitlicher Gestaltung in Kreis und Gemeinde entgegentreten. Zudem ist im Kreisausschuß ein Organ gegeben, welches die dabei maßgebenden thatsächlichen Verhältnisse in unbefangener sachgemäßer Weise zu würdigen vermag.

Diese Einschränkungen werden sonach der grundsätzlichen Anwendung des allgemeinen Lastenfußes keinen Eintrag thuen, vielmehr, indem sie die Schärfen desselben abschleifen, seine Durchführbarkeit sichern und ihn damit erst in seinem wahren Werthe allseitig erkennen lassen.

Als Consequenz des Besteuerungsfußes erscheint es endlich, daß Forensen ebenso wie Korporationen, Handels-, Kommandit- und Actiengesellschaften einer fingirten Einkommensteuer von den in dem betreffenden Kreis- oder Gemeindeverbande belegenen Grundstücken und Gewerbeanlagen unterworfen werden. Die persönliche Steuer wird damit — wie dies unter Anderem auch bei der Staatseinkommensteuer der Ausländer der Fall ist*) — lokalisirt. Den Grundsatz vertritt im Allgemeinen auch § 12. des Kreisordnungsentwurfs. Gleichwohl sollen juristische Personen (mit Ausnahme der mit Korporationsrechten versehenen Actiengesellschaften) nur nach Maßgabe des auf die Grund- und Gewerbesteuer entfallenden Betrages herangezogen werden, wonach Staat, Provinz, kommunale Verbände, geistliche, Unterrichts-, Armen- und Gefangenen-Anstalten und Stiftungen auch bezüglich des nicht unmittelbar zu ihren korporativen Zwecken dienenden Vermögens von dieser fingirten Einkommensteuer befreit bleiben würden. Diese Ausnahmestellung ist nicht gerechtfertigt. Eine Korporation, die sich auf den wirthschaftlichen Standpunkt des Privatbesitzers stellt, geht damit über ihre eigentlichen Zwecke hinaus und begiebt sich insoweit der ihr lediglich in Rücksicht auf letztere beiwohnenden Vorrechte. Sie nimmt die Vortheile der Verbandseinrichtungen wie jedes andere Verbandsmitglied

---

gesetzes vom 28. Juli 1851. § 42., wonach bei besonders erheblicher Abnutzung der Landstraßen und Gemeindewege, nicht unterhaltungspflichtige Gemeinden oder Verwaltungen oder einzelne bestimmte Personen (Inhaber von Gewerbebetrieben, Steinbrüchen 2c.), zu verhältnißmäßigen durch Vereinbarung ev. im geordneten Verwaltungswege festzusetzenden Beiträgen herangezogen werden können. Umgekehrt kann das geringere Interesse, welches isolirte Besitzungen, größere Waldkomplexe 2c. an gewissen Gemeindeeinrichtungen haben und welches sie vielleicht zu eigenen bezüglichen Aufwendungen nöthigen wird, unter Umständen deren beschränkte (ev. auch fixirte) Heranziehung zu den betreffenden Gemeindeabgaben vollkommen rechtfertigen.

*) Ges. v. 1. Mai 1851. (G.-S. S. 193.) § 18.

für sich in Anspruch, muß sich also gleich diesem auch den entsprechenden Lasten unterwerfen. Dabei würden diese Exemtionen für Kreis und Gemeinde um so bedenklicher werden, als der eigentliche Schwerpunkt der ganzen Kommunalbesteuerung mehr in die lokalisirte Einkommensteuer verlegt wird, auch die im Besitz der gedachten Korporationen befindlichen Steuerobjecte ziemlich bedeutend und sehr ungleichmäßig auf die einzelnen Verbände vertheilt sind. Jeder Uebergang einer Besitzung auf eine Korporation würde ferner dem Verbande plötzlich ein reales Steuerobject entziehen, auf das er nach Lage und Beschaffenheit unmittelbar angewiesen erscheint. Bei verhältnißmäßig großem Umfange desselben könnte damit die Leistungsfähigkeit des Verbandes ernstlich gefährdet, der Fortbestand seiner Einrichtungen geradezu in Frage gestellt werden.

Wir halten hiernach die gemachte grundsätzliche Unterscheidung zwischen korporativem und forensischem Besitz nicht für zutreffend.*)

---

*) Für den Regierungsentwurf wird angeführt (Motive S 66.—68.):

a) daß zu den den Kreisen obliegenden Staatspräftationen der Staat nicht selbst beitragen könne,

b) daß die Kreise nur Theile des sie gleichmäßig umfassenden und erhaltenden Staatsganzen seien;

c) daß vermöge der Ueberweisung der Domainen- und Forstrevenüen zur Zahlung der Rente des Kronfideikommiß-Fonds (Verf.-Urk. Art. 59.) und zur Verzinsung und Tilgung der Staatsschulden (V. v. 17. Jan. 1820. G.-S. S. 12. § VII. 1.) von einem steuerbaren Reineinkommen des Staates aus denselben überhaupt nicht die Rede sein könne,

d) daß bei der ungeschmälerten Verwendung des den bestimmungsmäßigen Bedarf nur selten überschreitenden Anstalts- und Stiftungsvermögens auch die Kommunalverbände unmittelbar interessirt seien.

Dem steht entgegen:

zu a) liegt ein grundsätzlicher Widerspruch nicht vor; es handelt sich um eine indirecte Staatslast, für deren Vertheilung die endliche Bestimmung nicht maßgebend ist. Daneben lassen sich diese staatlichen von den übrigen Lasten nicht wohl trennen und dürfen bei der überwiegenden Bedeutung der letzteren keinenfalls entscheidend in's Gewicht fallen;

zu b) wird verkannt, daß Kreis und Gemeinde nicht blos Unterabtheilungen des Staates sondern zugleich wesentlich eigene in ihrer Sphäre selbstständige Organismen sind.

zu c) kann die Verwendung als völlig außerhalb der Verbandsgrenzen liegend nicht in Betracht fallen, auch würde grundsätzlich nur der Verzinsungs- nicht der Tilgungs-Betrag sich der Einkommensbesteuerung entziehen können,

zu d) trifft nur bedingt zu. Es würde z. B. die Freilassung des sehr bedeutenden hannoverschen Klosterfonds nicht gerechtfertigt erscheinen.

5) Der **Gemeindehaushalt** ist eine rein innere Angelegenheit und läßt ein Eingreifen der Aufsichtsinstanz nur ausnahmsweise unter ganz bestimmten Voraussetzungen gerechtfertigt erscheinen. Dies ist der Fall, wo Interessen, welche die Gemeinde als solche, insbesondere also auch deren zukünftige Mitglieder berühren, mit denen ihrer jeweiligen Vertreter kollidiren und letztere dadurch in Versuchung gerathen können, ihren unmittelbaren Vortheil auf Kosten der Gemeinde zu suchen. Hiernach fordern Anleihen und Verkäufe von Grundstücken höhere Genehmigung, die aus dem angedeuteten Gesichtspunkte im Interesse einer ungeschmälerten Erhaltung der Vermögenssubstanz versagt werden darf. Die gleiche Rücksicht waltet bei solchen Einkommensquellen ob, deren nachhaltige Ergiebigkeit von einer planmäßigen auf eine Reihe von Jahren vertheilten Ausnutzung abhängig ist. Eine speciellere Beaufsichtigung der Gemeindeforstverwaltung erscheint aus diesem Gesichtspunkte vollkommen gerechtfertigt.*)

Der ganze Haushalt verkörpert sich in der **Gemeinderechnung**. Die geordnete Führung derselben ist durchaus unerläßlich und meist ein sicheres Anzeichen für eine entwickelte Gemeindeverwaltung. Auch hier weist Alles auf Einfachheit der Form und des Verfahrens hin. Hierdurch wird korrekte Führung in der Gemeinde selbst ermöglicht,**) zugleich aber auch den einzelnen Gemeindegliedern Einblick und Uebersicht über die Gemeindeverhältnisse verschafft und damit die Antheilnahme am Gemeindewesen gefördert und das Vertrauen in die Gemeinde-Verwaltung gehoben. Die Regelung der Frage hat sonach keine bloß äußerliche Bedeutung.

Etats werden in den Landgemeinden in der Regel ganz entbehrlich sein. Die regelmäßigen Ausgaben sind bekannt, außerordentliche Hebungen leicht zu übersehen, so daß der demnächstige rechnungsmäßige Nach-

---

*) Sie findet sich in allen Provinzen angeordnet, wo Gemeindewaldungen von einiger Ausdehnung vorhanden sind. Für Sachsen, Westphalen und Rheinprovinz gilt V. 24. Dec. 1816. (G.-S. 1817. S. 57.); für Hannover sind eine Reihe provinzieller Vorschriften erlassen, insbesondere das Kalenberg-Grubenhagen'sche Gesetz vom 10. und Bekanntmachung vom 26. Juli 1859. (Hannov. Ges.-Samml. I. 725. und 739.); für Kurhessen Gemeinde-Ordnung vom 23. October 1834. § 68. und Regulativ vom 5. März 1840; Für Nassau Gemeindegesetz vom 26. Juli 1854. § 32.

**) Es entspricht jedenfalls mehr dem Geiste der Selbstverwaltung, daß die Rechnungsführung durch aus der Gemeinde hervorgegangene Organe besorgt, als daß sie, — wie es in den westlichen Provinzen und in der Pfalz der Fall ist — den staatlichen Steuererhebern übertragen wird.

weis vollkommen genügt. Ebenso bedarf es, da Hebungen und Ausgaben immer in einem gewissen Verhältniß stehen, größere Bestände also selten vorkommen werden, keiner weitläufigen Kassenvorschriften.

Die Rechnung ist nach einem möglichst übersichtlichen Formulare*) bis etwa zum 1. März aufzustellen, eine bestimmte Zeit hindurch öffentlich auszulegen, der Gemeindeversammlung mitzutheilen und durch einen von derselben gewählten Ausschuß zu prüfen. Wo eine specielle Revision innerhalb der Gemeinde nicht, oder nur mit Schwierigkeiten zu beschaffen ist, wird auf Wunsch der Gemeinde die Aufsichtsbehörde ergänzend einzutreten und die Rechnung zu superrevidiren haben. Auch andernfalls empfiehlt es sich indessen, daß die Rechnung regelmäßig bis zu einem bestimmten Termine (1. Juli) vorgelegt werde, da

a) durch diese Kontrolle der vorschriftsmäßigen Abnahme den mißlichen weitläufigen Beschwerden mit Leichtigkeit vorgebeugt wird, welche Versäumnisse in dieser Beziehung immer nach sich ziehen werden.

b) nur hierdurch übersehen werden kann, daß nicht in den der Genehmigung der Aufsichtsbehörde vorbehaltenen Fällen über das Gemeindevermögen disponirt wird.

c) in den Rechnungen die beste Gemeindestatistik geboten wird, die besonders geeignet ist, der Aufsichtsinstanz über die thatsächlichen Zustände einer Gemeinde bestimmte zahlenmäßige Anhaltspunkte zu geben.

6) Die Fälle, in denen die Oberaufsicht überhaupt einzutreten hat, sind oben bereits vollständig aufgeführt. Dieselbe wird in der Art zwischen Landrath und Kreisausschuß zu theilen sein, daß ersterer die ständige Aufsicht führt und diejenigen Funktionen ausübt, die ihrer Natur nach nur vermöge fortlaufender persönlicher Thätigkeit wahrgenommen werden können, während dem Kreisausschuß die Bestätigung der Gemeindebeschlüsse, wo solche erforderlich und die — der Regel nach endgültige — Entscheidung über Beschwerden und Disciplinarsachen zufällt.

Die Art, wie die Aufsicht gehandhabt wird, ist für die Förderung des Gemeindelebens von größter Bedeutung.

---

*) Eine richtige Gegenüberstellung der Titel in Einnahme und Ausgabe erleichtert die Uebersicht über die einzelnen Verwaltungszweige und ermöglicht es, daß die bestimmungsmäßige Verwendung der etwaigen für specielle Zwecke aus besonderen Fonds fließenden Mittel oder nach besonderem Fuß gehobenen Beiträge kontrollirt werden kann, ohne daß es einer speciellen Rechnungsführung bezüglich derselben bedarf.

Eine gehörige Berücksichtigung der Individualität der einzelnen Gemeinden ist vor Allem unerläßlich. Während es im höchsten Grade gefährlich sein würde, die freie Bewegung der entwickelteren Gemeinden irgendwie zu stören und ihren eigenen Bestrebungen aus mißverstandenem Eifer entgegenzutreten, darf es andererseits an fortgesetzten Anregungen und Einwirkungen in solchen Gemeinden nicht fehlen, wo das eigne Leben noch daniederliegt und durch die Wucherpflanzen der Indolenz und des Eigennutzes erstickt wird. Auch hier dürfen keineswegs durch schroffes rücksichtsloses Vorgehen Gegensätze wachgerufen werden, für die es dann leicht an der nöthigen Vermittelung fehlen würde. Es gilt nicht bloß, die Grundsätze einer geordneten Gemeindeverwaltung zur Geltung, es gilt vor Allem, sie zum gehörigen Verständniß zu bringen und dadurch eine ersprießliche Selbstthätigkeit auch da heranzubilden, wo zur Zeit noch das ergänzende Eingreifen der Aufsichtsinstanz nicht zu entbehren ist. Ist dieses Ziel erreicht, dann ist es an der Zeit, die leitende Hand zurückzuziehen, dann muß der Pfahl entfernt werden, an dem der Baum der Selbstverwaltung hat emporwachsen und erstarken können, der nunmehr aber seiner weiteren Entwickelung im Wege stehen könnte.

IV.

Der Kreis.

Die Organisation der Kreise in den älteren Provinzen beruht auf den 1825 bis 1828 erlassenen Kreisordnungen,*) welche in den vierziger Jahren durch das den Kreisständen beigelegte Besteuerungsrecht wesentlich erweitert sind.**) Der Grundgedanke derselben, nach welchem in den Kreisen ähnlich wie in den Gemeinden eigene Vertretungen die in der Verwaltung hervortretenden Bedürfnisse unmittelbar befriedigen, zugleich aber auch die staatliche Thätigkeit auf ihren Gebieten unterstützen sollen, ist ein durchaus gesunder und hat unleugbar bereits die besten Früchte getragen. Gleichwohl zeigt sich die Institution dem heutigen erweiterten Bedürfniß der Selbstverwaltung nicht gewachsen. Die Zusammensetzung der Kreisvertretungen entspricht längst nicht mehr den veränderten Leistungsverhältnissen, sodann bedarf ebensowahl das Gebiet der Kreisthätigkeit als die Freiheit der Bewegung auf diesem Gebiete der Erweiterung: die Kreise müssen zu vollen Kommunalverbänden umgebildet werden. Die nämlichen Ziele hatte der Kreis-Ordnungs-Entwurf von 1869/70 sich gesteckt***). Derselbe bedarf indessen in zwei wichtigen Punkten der Modifikation. Erstens müssen seine Grundsätze auch auf

*) Kreis-O. f. Preußen v. 17. März 1828 (G.-S. S. 34); f. Posen v. 20. Dec. 1828 (G.-S. 1829 S. 3.); f. Brandenburg v. 17. Aug. 1825 (G.-S. S. 203) u. V. v. 18. Nov. 1826 (G.-S. S. 110.) § 16.; f. Pommern v. 17. Aug. 1825 (G.-S. S. 217.); f. Schlesien v. 2. Juni 1827 (G.-S. S. 71.); f. Sachsen v. 17. Mai 1827 (G.-S. S. 54.); f. Westphalen u. Rheinprov. v. 13. Juli 1827 (G.-S. S. 117.)

**) V. f. Preußen v. 22. Juni 1842 (G.-S. S. 211.); f. Posen, Brandenburg, Pommern, Sachsen u. Westphalen v. 25. März 1841; (G.-S. S. 58., 53., 55., 60. u. 62.; f. Schlesien v. 7. Jan. 1842 (G.-S. S. 33.); f. d. Rheinprovinz v. 9. April 1846 (G.-S. S. 161.)

***) Motive S. 53. u. 54.

die westlichen und die neueren Provinzen*) ausgedehnt werden, dann aber müssen sie ohne Zwischeninstanz zwischen Kreis und Gemeinde durchgeführt, also der oben (Nr. II.) erwähnten einfachen Gliederung der Verwaltungsorgane angepaßt werden.

Bezüglich der Durchführung in den einzelnen Landestheilen sind drei Gruppen zu unterscheiden:

1) In den östlichen Provinzen excl. Posen, sowie in Kurhessen waren eigentliche Mittelglieder zwischen Kreis und Gemeinde schon bisher nicht vorhanden. Hier werden die neuen Grundsätze — abgesehen von den bezüglich der Begrenzung der Kreise zu erwähnenden Modifikationen — sich unbedingt in die bestehenden Verbandseinrichtungen einfügen lassen.

2) Das Letztere gilt zwar auch von den beiden westlichen Provinzen, von Posen und Schleswig-Holstein indeß mit der ferneren Modifikation, daß hier von einer kommunalen (korporativen) Bedeutung, beziehungsweise von einer Einwirkung auf die kommunalen Angelegenheiten Seitens der bestehenden Zwischenglieder abgesehen und so die unmittelbare Beziehung zwischen den selbstständig zu organisirenden Gemeinden und dem Kreise hergestellt wird. Insofern die Zwischenorgane für staatliche Funktionen noch nicht ganz entbehrt, oder nicht auf einmal beseitigt werden können, wird man ihre Zahl vermindern und ihr Aussterben damit anbahnen können.

3) In Hannover und Nassau war in den Amtsverbänden**) dem Wesen nach das gegeben, was die Kreiseinrichtung erstrebt. Die preußische Organisation des Jahres 1867 hat diese Bedeutung verkannt und die Kreisvertretungen neben, bez. über den Amtseinrichtungen eingeführt. Das Fehlsame dieses Vorgehens läßt sich aus denselben Gründen nachweisen, die oben***) bezüglich des Nebeneinanderbestehens der Orts- und Amtsgemeinden entwickelt sind. Die Kreistage haben neben den Amtsversammlungen, bez. Bezirksräthen keine Bedeutung zu gewinnen vermocht, so daß noch jetzt ohne Schwierigkeiten das

*) Die Verordnungen wegen Einführung der Kreiseinrichtungen im Reg.-Bez. Kassel v. 9. Sept., in Hannover v. 12. Sept., in Schlesw.-Holstein v. 22. Sept., im Reg.-Bez. Wiesbaden v. 20. Septbr. 1867 (G.-S. S. 1473. 1497. 1587 und 1653) haben diese Grundsätze zwar angebahnt, aber noch längst nicht durchgeführt.

**) Hann. Ges. üb. die Amtsvertretung v. 28. April 1859 (Hann. G.-S. S. 423). Nass. Ges. v. 24. Juli 1854.

***) Vergl. Nr. II. 4., 11.

Versäumte dadurch nachgeholt werden kann, daß Amts- und Kreiseinrichtungen verschmolzen, erstere in die letzteren hinübergeleitet werden.

Diese provinziellen Verschiedenheiten bedingen besondere Uebergangs- und Ausführungsbestimmungen. Einer einheitlichen gesetzlichen Regelung der Kreis-Ordnung für den ganzen Staat stehen sie dagegen keineswegs entgegen.

Ebensowenig kann aus der Verschiedenheit der thatsächlichen Verhältnisse, insbesondere der Besitz- und Beschäftigungsweise ein solches Hinderniß hergeleitet werden; denn diese bestehen nicht nur zwischen den Provinzen, sondern auch innerhalb derselben. Da nun nicht füglich besondere Kreisordnungen für einzelne Kreise oder Kreisgruppen erlassen werden können, so wird man die gesetzliche Regelung ohnehin auf die allgemein für alle diese Verhältntsse passenden Grundsätze beschränken, die speciellen Ausführungsbestimmungen aber der kreisstatutarischen Regelung vorbehalten müssen.

Es kommt demnach darauf an

> den Kreisordnungs-Entwurf durch Ausscheidung der die Gemeinden und Aemter betreffenden Bestimmungen auf sein eigentliches Gebiet zurückzuführen, zugleich aber denselben für das ganze Staatsgebiet anwendbar zu gestalten.

---

1) **Zweck und Bedeutung** des Kreises sind bereits oben (S. 8) angedeutet: es sind nunmehr die Wege anzugeben, auf denen dieser Zweck und diese Bedeutung zu erreichen steht.

Weder Gebiet noch Maß der Kreisthätigkeit wird sich in allen Kreisen völlig gleichgestalten. Das Bedürfniß und die verschiedenartig entwickelte Selbstthätigkeit der Gemeinde müssen vielmehr entscheiden, welchem Verwaltungsgebiet dieselbe im einzelnen Falle sich zuzuwenden und in welchem Umfange sie ihre Wirksamkeit auf demselben zu entfalten hat.

Der Kreis bildet nicht allein die erste Aufsichts- und Beschwerdeinstanz über den Gemeinden; er hat auch gleichzeitig eine eigene selbstständige Wirksamkeit zu entwickeln. Er kann dies in doppelter Weise thun, indem er entweder unmittelbar selbst verwaltend auftritt oder indem er die Verwaltungsthätigkeit der Gemeinden mit seinen ausgedehnteren Hülfsmitteln an Intelligenz und Geld belebt und unterstützt. Diese Einwirkung verlegt nicht etwa den Schwerpunkt der

Verwaltung aus der Gemeinde heraus oder gefährdet sie in ihrer Selbstständigkeit. Sie soll nur anregen und die schlummernden Keime der eigenen kommunalen Thätigkeit auch da wach rufen, wo sie von selbst noch nicht sprossen wollen: sie soll die kommunale Selbstverwaltung groß ziehen helfen. Sie soll zugleich aber auch die Mißverhältnisse, die zwischen Leistungsfähigkeit und Pflicht in den einzelnen Gemeinden sich geltend machen werden, ausgleichen und damit das Zustandekommen vollständiger kommunaler Einrichtungen und Anlagen auch in solchen Gemeinden ermöglichen, wo die eigenen Kräfte der letzteren hierzu nicht ausreichen würden*).

Alles weist darauf hin, daß die Verwaltung des Kreises und der Gemeinden unausgesetzt Hand in Hand mit einander gehen und sich überall ergänzen, denn die Gemeinden sind die natürlichen Glieder des Kreises, durch diese treten die einzelnen Individuen erst zu dem Kreise in Beziehung. Der Kreis baut sich auf den Gemeinden auf. Hieraus folgt, daß Kreisangehörigkeit, Theilnahme an der Vertretung, Beitragspflicht**) einfache Ausflüsse der Gemeindeangehörigkeit sind, die als solche einer besonderen gesetzlichen Regelung nicht bedürfen***).

2) Diesem Zwecke des Kreises muß seine Begrenzung entsprechen. Wo die Kräfte der Gemeinde nicht ausreichen, muß der Kreis als zunächst über derselben stehender Verband wirksam eingreifen können. Damit wird der Kreis auf seine eigentliche ursprüngliche Bestimmung, auf die unmittelbare Wirksamkeit über der Gemeinde zurückgeführt, während die stattgehabte oder beabsichtigte Einfügung von Zwischeninstanzen diese Bedeutung völlig verwischen würde†). Wo durch allzugroße Ausdehnung der Kreise die Fühlung zwischen diesen und der Ge-

---

*) Mit dem System sind unter Anderem beim Wegebau bereits die besten Erfolge erzielt. Eine umfassendere und auf andere Gebiete ausgedehnte Anwendung wird sich jedenfalls empfehlen.

**) Vgl. oben S. 37.

***) So erscheint es nicht ganz korrekt, wenn nach §§ 5. und 6. des Entwurfs der bloße Wohnsitz im Kreise die Kreisangehörigkeit und in Verbindung damit das Kreiswahlrecht zur Folge hat, während letzteres in den Städten nach § 86. des Entw. von den städtischen Kollegien ausgeübt wird, zu deren Wahl nach der Städte-Ordnung v. 30. Mai 1853 nicht der bloße Wohnsitz (§§ 3. und 4.) sondern erst das besonders qualificirte Bürgerrecht (§ 5.) berechtigt.

†) Es ist bereits oben (II. B. 2. S. 17.) speciell erörtert, welche entscheidenden Gründe gegen die Einschiebung von Zwischengliedern zwischen Gemeinde und Kreis sprechen, wie wesentlich durch dieselben die Stellung des letzteren verschoben und wie schließlich die Nothwendigkeit seiner Existenz überhaupt in Frage gestellt wird.

meinde verloren gegangen, kann auf keinem anderen Wege geholfen werden, als durch Verkleinerung der Kreise.

a) Vor Allem müssen wir hier dem Einwurf begegnen, als ob wir uns damit von dem Eingangs aufgestellten Grundsatz der Anknüpfung an das thatsächlich Gegebene lossagen wollten. Jede Organisation bringt es mit sich, daß nicht Alles, was sich gebildet und vielleicht unter rein zufälligen Umständen gebildet hat, unverändert bestehen bleiben kann. Will man nun organisiren, so handelt man jedenfalls mehr im Sinne des ausgesprochenen Grundsatzes, wenn man ein vorhandenes Institut in seinem wirklichen Begriff, in seiner traditionellen Bedeutung erhält und fortentwickelt und diesem die einzelnen Fälle anpaßt, als wenn man diese letzteren in ihrer so völlig verschiedenartigen Gestaltung zum Ausgangspunkt nimmt und ihnen das eigentliche ursprüngliche Wesen des Instituts zum Opfer bringt. Der Kreis ist der unmittelbar über den Ortsgemeinden wirksame Verband, nicht aber eine bloße Hülle, in die eine Anzahl kleinerer Kreise unter den Namen Bürgermeistereien, Amtsbezirke oder Amtsgemeinden willkürlich eingeschachtelt werden könnten. Der Landrath ist die Wurzel des ganzen Staatsorganismus, vermöge deren der letztere überall unmittelbar in das wirkliche Leben hineinreicht, nicht aber ein kleiner Provinzialgouverneur, der seinerseits die Aufsicht über eine Schaar kleiner Verwaltungsbeamten zu führen hätte. Wo Kreisbezirke dieser Bestimmung nicht entsprechen, müssen sie also darauf zurückgeführt werden. Man kann hier auch nicht dasjenige entgegenhalten, was oben (S. 9) bezüglich der Ortsgemeinde gesagt ist. Gemeinde und Kreis lassen sich nicht mit einerlei Maßstab messen; jene ist ein durchaus natürlicher, dieser ein mehr oder weniger künstlicher Begriff; jener ist die Begrenzung fast regelmäßig durch die Natur der Sache bestimmt vorgeschrieben, dieser hat seine Gestalt zunächst erst durch Erwägungen der Zweckmäßigkeit erhalten und würde möglicherweise seinen Zwecken ebenso gut oder besser in einer anderen Begrenzung entsprochen haben, als in der gerade beliebten. Es soll nicht verkannt werden, daß bei den Kreis-Bildungen sehr vielfach historische oder innere Gründe maßgebend gewesen sind, daß sie ferner durch die Zeit ihres Bestehens und durch ihre Leistungen sich einen wohlbegründeten Anspruch auf möglichst schonende Berücksichtigung erworben haben. Wo es sich indessen wie hier darum handelt, ob den Kreisen überhaupt ihre Bestimmung erhalten werden kann, ob bei der Organisirung die Kreise nach den Gemeinden oder diese nach jenen einzurichten seien, da darf man keinen Augenblick anstehen, sich für die erstere Alternative zu erklären.

b) Die Verkleinerung ist aber nicht nur grundsätzlich zulässig, sie ist auch unbedingt nothwendig. Nur in mäßig begrenzten Bezirken wird der Kreis die ihm nach dem Obigen zufallenden Aufgaben zu erfüllen vermögen. Die Ausdehnung desselben muß es dem Landrath ermöglichen, sich in nicht allzulanger Zeit genaue Personal- und Lokalkenntniß zu erwerben und diese durch fortgesetzte persönliche Berührung zu erhalten. Die kolossal angeschwollene Geschäftslast, die jetzt in wahrhaft erdrückender Weise auf den Landrathsämtern lastet, hat dieselben vielfach zu kleinen Beamtenkörperschaften anwachsen lassen, in denen die landräthlichen Schreiber als Decernenten fungiren. Daß dabei von einer speciell unmittelbaren Thätigkeit, von einer persönlichen Einwirkung für den Landrath nicht mehr viel die Rede sein kann, bedarf keiner weiteren Ausführung. Je weniger aber die rein büreaumäßige Form, welche die Kreisverwaltung damit annimmt, den Elementen der kommunalen Verwaltung zusagen wird, um so weniger darf auch auf eine gesunde Entwickelung der letzteren auf diesem Wege gerechnet werden*). — Mag eine Vereinfachung der Geschäfte, insbesondere eine erweiterte Kompetenz der unteren Instanz, dabei eine theilweise Abhülfe schaffen**): eine völlige Beseitigung des Uebels und eine wahrhaft erfolgreiche Wirksamkeit darf erst von einer Verkleinerung der allzugroßen Kreise erwartet werden.

Ebenso wie die administrative weist auch die korporative und wirthschaftliche Bedeutung der Kreise auf kleinere Bezirke hin. Die Mitglieder des Kreises und vor Allem der Kreisvertretung müssen ohne erheblichen Kosten- und Zeitaufwand — jedenfalls ohne zum Uebernachten genöthigt zu sein — die ihnen zufallenden Funktionen im Kreisorte und innerhalb des Kreisbezirks wahrnehmen können. Nur unter dieser Voraussetzung wird das Ehrenamt zu ausgedehnterer Mitwirkung in der Kreisverwaltung mit dauerndem Erfolg heranzuziehen sein. Nur hierdurch wird dann aber auch eine lebendige unmittelbare Anschauung aller öffentlichen Verhältnisse des Kreises und damit eine streng sach-

*) Das Institut der Amtshauptmänner, wie der Kreisordnungsentwurf es beabsichtigte, würde diesen Mißständen keine Abhülfe verschafft haben, da die Kompetenz derselben nur eine ganz beschränkte geblieben wäre und viele die Kreisthätigkeit grade ganz besonders in Anspruch nehmende Verwaltungszweige ganz unberührt gelassen haben würde.

**) Vgl. Anm. auf S. 5. Eigenthümlicher Weise hat grade der Preußische Staat in seinen großen Kreisen den innerhalb derselben thätigen Organen weit beschränktere Kompetenzen zugewiesen, als viele der kleinsten Länder in ihren weit kleineren Verwaltungsbezirken.

gemäße Entscheidung aller an die Kreisorgane herantretenden Fragen ermöglicht*); nur hierdurch endlich diejenige enge Berührung der Kreisglieder untereinander und diejenige Gemeinsamkeit des Interesse veranlaßt, aus der allein gemeinschaftliche Institute und Anlagen mit Erfolg emporwachsen können. Wenn auch hier wieder die Befürchtung sich geltend macht, daß in dem kleineren Bezirk sich nicht das für die Kreisverwaltung nöthige Maß an Intelligenz und Vermögen vorfinden möchte, so darf nur auf dasjenige zurückverwiesen werden, was oben (S. 9) bezüglich der Gemeinden gesagt ist. Intelligenz und Vermögen sind unstreitig ebenso wichtig für die Kreis- wie für die Gemeinde-Verwaltung. Beide Elemente können aber nur da wirksam werden, wo eine Interessengemeinschaft vorhanden ist, die die Gemeinde erst zur Gemeinde, den Kreis erst zum Kreise macht. Wo diese erste Lebensbedingung fehlt, kann auch ein Ueberschuß an geistigen und materiellen Kräften dieselbe nicht ersetzen: der kommunalen Entwickelung gebricht es an dem treibenden Element, welches diese Kräfte erst wachrufen und für ihre Zwecke nutzbar machen muß. Wenn Theile des Kreises vom Kreisorte so weit entfernt liegen, daß die in letzterem befindlichen Kreiseinrichtungen nicht von denselben genützt werden können, wenn die Verhältnisse der einen Gegend des Kreises den auf einer andern Seite desselben wohnenden Einsassen nicht gehörig bekannt werden können, so wird in solchem Kreise ein gedeihliches Kommunalleben schwerlich sich zu entfalten vermögen.

Auch hier reden wiederum die Thatsachen am deutlichsten. Gerade in den Ländern, wo die Verwaltung namhafte Resultate erzielt hat und wo großentheils auch das kommunale Leben in Folge fortgesetzter Anregung hat emporblühen können, treten uns kleinere Bezirke entgegen. So hatten (1864 und 1865) durchschnittlich die Bezirksämter in Baden fast 5 □Meilen mit 24,224 Einwohnern; in Baiern 7½ □M. mit 25,818 Einwohnern; die Oberämter in Würtemberg 5½ □M. mit 27,318 Einw.; die Verwaltungsämter im Königreich Sachsen sogar nur 2 □M. mit 19,157 Einwohnern. Auch auf die hannoverschen Aemter kommen durchschnittlich nur 6,8 □M. und ca. 16,000 Einwohner. Demgegenüber läßt sich die unvollkommene Entwickelung eines großen Theils unserer Verwaltungseinrichtungen in den älteren Provinzen vorwiegend auf die zu großen Verbände zurückführen und dreist behaupten,

*) Praktisch angelegte Kreisstatistiken können unstreitig wichtige Anhaltpunkte für die Beurtheilung der Kreisverhältnisse bieten, ihren wahren Werth erhält die letztere aber immer erst, wenn sie von unmittelbarer Anschauung getragen wird.

daß für Preußen die richtige Mitte zwischen den alle kommunale Thätigkeit an sich reißenden und damit jedes selbstthätige kommunale Leben erdrückenden Bürgermeistereien und Aemtern in den westlichen Provinzen*) und den die Gemeinden sich ziemlich ganz selbst überlassenden Riesenkreisen in den östlichen Provinzen einzig und allein in mäßig begrenzten Verbands- und Verwaltungs-Bezirken zu finden ist.

c) Die Kosten, welche durch Vermehrung der Kreise erwachsen werden, fallen in keiner Weise entscheidend ins Gewicht. Der Staat wird um so weniger davor zurückschrecken dürfen, als ihm andrerseits sehr wesentliche Ersparnisse aus der Reorganisation erwachsen werden. Abgesehen davon, daß dieselbe den einzig sicheren Weg bietet, die beständig mehr anschwellenden Geschäftskosten dauernd herabzumindern, stellt auch die Einziehung verschiedener kleinerer Aemter in Nassau und Hannover, der Wegfall aller fiskalischer Polizeiverwaltungskosten eine bedeutende direkte Ausgabenverminderung in Aussicht. Vergleicht man endlich gar die Kosten der Kreirung einzelner neuer Landrathsämter mit denjenigen, welche der Kreisordnungsentwurf durch Schöpfung zahlreicher Zwischenbehörden in allen Kreisen veranlaßt haben würde, so wird der große Abstand zwischen beiden leicht in die Augen springen. Der Umstand, daß hier die Gemeinden, dort der Staat in Anspruch genommen werden, kann in der Sache selbstredend eine Unterscheidung nicht begründen.

d) Ein weiterer Einwurf bezüglich der Verkleinerung der Kreise richtet sich gegen die Ausführbarkeit der Maßregel, gegen die Möglichkeit, die bestehenden Verbände ohne Schädigung ihrer wesentlichsten Interessen zu zerreißen. Die Bedeutung dieses Einwandes wird indeß sehr überschätzt. Es soll gewiß nicht verkannt werden, daß die bestehenden Verbände die eingehendste und schonendste Behandlung fordern; will man aber weiter gehen, will man sie, auch wo sie ihren Zwecken nicht entsprechen, als unabänderlich ansehen, so würde damit dem praktischen Bedürfniß grundsätzlich jede Abhülfe versagt. Die Erfahrungen bestätigen dies vollkommen. Wo Verbände unter umsichtiger Beachtung aller einschlagenden Interessen neu abgegrenzt sind, haben die Betheiligten sich stets außerordentlich schnell in die neuen Verhältnisse gefunden, und in vielen Fällen macht sich die Furcht vor solchen Veränderungen weit mehr bei den Behörden als bei den betheiligten Einwohnern selbst geltend. Was die Lösung der bestehenden Verbandsgemeinschaft anbetrifft, so bietet für Schulden und theilbare Vermögensobjecte das

*) Vgl. oben S. 24. und 25.

Beitragsverhältniß den geeigneten Maßstab. Bei untheilbaren Gegenständen wird es auf eine Regelung der Abfindungen ev. der unbeschadet der sonstigen korporativen Selbstständigkeit fortzusetzenden gemeinsamen Benutzung ankommen.

e) Die Schwierigkeiten, welche die Verkleinerung der Kreise bietet, lassen sich hiernach sehr wohl überwinden. Es wird lediglich darauf ankommen, daß man bei der Ausführung des Zweckes und der Bedeutung des Kreises sich stets klar bewußt bleibt und demgemäß den thatsächlichen Verhältnissen und Bedürfnissen überall die gebührende Rechnung trägt. In der Art der Durchführung liegt also auch hier der Schwerpunkt der ganzen Maßregel.

Ein festes Princip läßt die heutige Begrenzung und der gegenwärtige Umfang unserer Kreise überall nicht erkennen*). In den älteren Theilen des Staates treten uns sehr große Kreise entgegen, was aus dem geringeren Umfange der früheren Verwaltungsthätigkeit sich erklären dürfte. Bei Uebertragung des Instituts auf die in der zweiten Hälfte des vorigen und zu Anfang des jetzigen Jahrhunderts hinzugetretenen Gebiete scheint man bereits grundsätzlich von weit enger begrenzten Bezirken ausgegangen zu sein. Weitere Veränderungen sind durch die große Verschiedenheit der Bevölkerungszunahme in den ein-

*) Nachstehend sind die Kreise in den älteren Provinzen nach Größe und Einwohnerzahl (1867) zusammengestellt, wobei zu besserer Uebersicht, die in Preußen und Pommern auf die Haffe entfallenden Flächen, die 16 Stadtkreise und der kleine kürzlich der Rheinprovinz zugetheilte Kreis Meisenheim weggelassen sind

Provinz	Zahl der Kreise überhaupt	Größe: Zahl der Kreise in Quadratmeilen					Durchschnitt in Quadratmeilen	Einwohnerzahl: der Kreise mit eiuer Bcvöl-kcrung							Durchschnitt der Einwohnerzahl
		über 30	von 20 bis 30	von 15 bis 20	von 10 bis 15	unter 10		über 100,000	von 80 bis 100,000	von 60 bis 80,000	von 50 bis 60,000	von 40 bis 50,000	von 30 bis 40.000	unter 30,000	
Preußen	55	6	17	25	7	0	20,6	0	0	15	16	18	6	0	52,396
Posen	26	1	9	15	1	0	20,2	0	1	6	11	7	1	0	56,641
Pommern	26	4	9	8	4	1	20,9	1	2	4	3	9	5	2	52,252
Schlesien	58	0	3	16	23	16	12,6	2	8	11	15	18	11	3	58,298
Brandenburg	30	6	18	5	0	1	24,1	0	6	11	5	6	1	1	63,574
Sachsen	39	0	5	3	11	20	11,7	0	0	8	7	14	5	5	47,570
Westphalen	34	0	0	1	20	13	10	3	0	2	6	9	11	3	49,165
Rheinprovinz	59	0	0	3	14	42	8,3	3	5	10	7	11	13	10	52,073
Ueberhaupt	327	17	61	76	80	93	15,2	9	22	67	70	82	53	24	56,886

zelnen Kreisen hervorgerufen, so daß sich ohne bestimmenden inneren Grund die größten Unterschiede nicht nur zwischen den Provinzen, sondern sogar innerhalb derselben verfolgen lassen*).

Während man in Hohenzollern die vorgefundenen sieben Oberämter in deren vier zusammengelegt hat und dadurch zu einem Durchschnitt von 4,2 □M. und 16,102 Einwohnern gelangt ist, hat man bei den 1866 vorgenommenen Kreiseintheilungen den Durchschnitt der nach Obigem so verschiedenartig in den einzelnen altländischen Kreisen vorgefundenen Bevölkerungszahl (50—60,000) zu Grunde gelegt und hiernach nicht nur in Nassau, Hannover und Schleswig-Holstein Kreise neu gebildet**), sondern sogar in Kurhessen eine Zusammenlegung der vorhandenen mäßigen und jedenfalls zweckmäßiger begrenzten Kreise in Aussicht genommen***).

Es kann sich nicht darum handeln, aus den zu großen auf einmal möglichst kleine Kreise zu bilden. Man braucht nicht weiter zu gehen, als der angegebene Zweck es nothwenig erheischt; denn wie durch zu große kann auch durch zu kleine Kreise gefehlt werden. Unseres Erachtens sollten hiernach die Kreise nicht über 10—15 □M. und 30 bis

---

*) Kreis Beuthen hat 192,000 Einw., die Kreise Schievelbein und Montjoie nur wenig über 19,000, der enklavirte Kreis Ziegenrück sogar nur 14,841.

Kreis Fürstenthum hat 43,3 □ M., Kreis Naumberg nur 2,8 □ M. Die Prov. Preußen hat keinen Kreis unter, die Rheinprov. nur zwei Kreise über 15 □ M. (etwa 7/10 aller Kreise unter 10 □ M.). Der R.-B. Erfurt hat überhaupt keinen Kreis über 10 □ M.

Ferner findet sich in der Prov. Brandenburg neben dem 40,7 □ M. großen Kreis Sternberg der nur 5,6 □ M. enthaltende Kreis Spremberg; in der Prov. Sachsen neben den sechs über 20 □ M. großen nördlichen Kreisen der Kreis Zeitz mit 4,8 und der Kreis Naumburg mit nur 2,8 □ M.

In Westphalen umfassen die Kreise Bochum, Dortmund und Hagen sämmtlich mehr als 100,000 Einwohner, während der Durchschnitt der übrigen Kreise nur 39,522 beträgt.

**) V. v. 22. Sept. 1867 (G.-S. S. 273) § 4; V. v. 12. Sept. 1867 (G.-S. S. 1497) Anl. A und V. v. 22. Sept. 1867 (G.-S. S. 1587) Anl. A. Die Erwartung, daß diese Kreise bei größerer Leistungsfähigkeit die vorhandenen Korporationen in Nassa uund Hannover aufsaugen würden hat sich wie oben (S. 48.) erwähnt in keiner Weise erfüllt.

Nur der Kreis Hadeln (5,5 □ M. mit 17,138 Einwohnern) deckt sich mit dem gleichnamigen Amtsverband so, daß hier der Dualismus der Kreis- und Amtsvertretung vermieden ist; in analoger Weise hat in Schleswig der Kreis Eiderstadt bei mäßigerem Umfange (6,5 □ M. mit 17,935 Einwohnern) von dem Institut der Hardesvögte ganz verschont bleiben können.

***) V. v. 22. Sept. 1867 (G.-S. S. 273) § 3. Der Durchschnitt der vorhandenen Kreise in Kurhessen ist 8 □ M. mit 33,504 Einwohnern.

40,000 Einwohner hinausgehen. Die größeren müßten also in zwei oder drei Kreise zertheilt, vielleicht auch zwei Kreise zu dreien umgeformt werden*). Der Größenausdehnung wird man mehr Rechnung tragen müssen, als dies bei unsern, meist ausschließlich nach der Volkszahl bewirkten Eintheilungen der Fall gewesen ist. Daneben dürfen auch andere Gesichtspunkte nicht außer Betracht gelassen werden, wie die Zahl der Gemeinden, insbesondere das Vorhandensein größerer in sich selbstständigerer Städte, die Kommunikationsmittel, die Gemeinsamkeit der Beziehungen nach einem bestimmten Mittelpunkt, der Stand der Entwickelung u. s. w. Hiernach wird insbesondere in den großen Kreisen der Provinzen Preußen, Posen, Pommern und Brandenburg mit der Maßregel um so weniger gezögert werden dürfen, als daselbst auf eine kräftige, alle Angelegenheiten mit der nöthigen Energie umfassende Gemeindethätigkeit vorerst vielfach nicht gerechnet werden darf. Weniger werden die übrigen älteren Provinzen und überhaupt nicht die Landestheile Kurhessen und Hohenzollern in Betracht kommen**).

Die Aenderung der Kreisgrenzen ist nach Beschlußnahme des Provinzial-Ausschusses durch Königl. Verordnung festzustellen. Kleinere bloße Grundstücksaustauschungen bezweckende Veränderungen können in der Provinzialinstanz ihre endgültige Erledigung finden. Ueber die bei der Auseinandersetzung auftauchenden Streitfragen — soweit sie nicht privatrechtliche sind — entscheidet allein der Provinzial-Ausschuß.

Nach den Beschlüssen des Abgeordnetenhauses***) sollte dagegen die Veränderung der Kreisgrenzen und die Feststellung der Grundsätze der Auseinandersetzung im Wege der Gesetzgebung, die Entscheidung der dabei entstehenden Streitigkeiten ohne Unterschied im Rechtswege erfolgen. Durch beide Bestimmungen wird den Anforderungen einer decentralisirten Selbstverwaltung unzweifelhaft ebenso wenig gedient wie denjenigen des praktischen Lebens. Was die Ausdehnung des Rechtsweges auf alle Gebiete des öffentlichen Rechtes betrifft, so dürfen wir auf das oben†) Gesagte Bezug nehmen. Die Verweisung der Kreis-

---

*) Hie und da werden die territorialen und lokalen Verhältnisse brauchbare Anhaltpunkte bieten können. So setzt sich ziemlich gleichmäßig der Kreis Jüterbock (24 □ M. und 59,613 Einw.) aus einem kursächsischen und einem kurbrandenburgschen Theil, der Kreis Zauch-Belzig (34,9 □ M. und 67,625 Einw.) aus den Distrikten Zauch und Belzig, und der Kreis Sangerhausen (14 □ M. und 66,792 Einw.) aus einem unmittelbaren und einem gräflich Stolbergschen Theil zusammen.

**) Wegen Hannover und Nassau vgl. oben S. 48 u. 49.

***) Sten.-Ber. S. 239—52. zu § 3. des Kreisordnungs-Entwurfs.

†) Vgl. Anm. * auf S. 36.

abgrenzungs- und sogar der Auseinandersetzungs-Fragen in die Legislative zeugt von einer vollständigen Verkennung der Bedeutung eines Gesetzes und der Aufgaben der Gesetzgebungsfaktoren. Die Vertheidiger beschränken sich auf die Anführung, daß diese Fragen von hervorragender, in die allgemeinen Rechtsverhältnisse tief einschneidender Bedeutung seien. Hierin kann aber unmöglich das Kriterium des Gesetzes gefunden werden. Mit demselben Rechte würden Gemeindegrenzveränderungen u. dgl. in den Weg der Gesetzgebung zu verweisen sein. Nicht die Wichtigkeit eines Gegenstandes an sich, sondern allein der Umfang, in dem seine Wichtigkeit sich geltend macht, die generelle oder lokale Bedeutung desselben muß hier entscheidend sein. Das Gesetz soll die Grundzüge feststellen, die Anwendung derselben auf den einzelnen Fall und damit die vorliegenden Fragen sind Sache der Ausführung. Daß diese in gesetz- und sachgemäßer Weise erfolge, darauf soll eben die Selbstverwaltung mit ihren für die engeren Verbände geschaffenen Organen hinwirken. Diese sind zur Beurtheilung der dabei maßgebenden rein thatsächlichen und lokalen Verhältnisse allein befähigt und allein berufen. Die Landesvertretung wird im Allgemeinen gar nicht in der Lage sein, den Entscheidungen der ersteren neue Gesichtspunkte hinzuzufügen. Wenn hiernach die gesetzliche Regelung principiell in keiner Weise geboten ist, so würde sie auch praktisch von den größten Unzuträglichkeiten begleitet sein. Die nothwendigsten und an sich einfachsten Organisationen würden häufig lediglich an den formellen Schwierigkeiten und an der vielleicht ganz zufällig auseinandergehenden Auffassung der gesetzgebenden Faktoren scheitern und dadurch das ganze Organisationswerk ernstlich in Frage gestellt werden. Dazu kommt aber noch die nachtheilige Rückwirkung auf die Landesvertretung selbst. Sie wird — und auch dem soll gerade die Selbstverwaltung vorbeugen — mit Detailfragen geradezu überlastet*). In den dadurch endlos verlängerten Sessionen werden schließlich an Stelle von Abgeordneten, die aus mannigfaltigen Lebensstellungen und Beschäftigungen unter dem Eindrucke stets erneueter unmittelbarer Anschauungen urtheilen, lediglich berufsmäßige Vertreter tagen: es wird eine parlamentarische Büreaukratie erstehen. Ebenso tritt an Stelle der so viel bekämpften administrativen eine parlamentarische Centralisation. Die Uebel der Büreaukratie wie der Centralisation werden damit also nicht beseitigt, sondern lediglich umgestaltet, vielleicht

*) Vgl. oben S. 2.
Die übeln Erfahrungen, welche das englische Parlament mit seinen local und privat acts gemacht, dürften nicht grade zur Nachahmung reizen.

noch zum Schaden der Sache, da es immerhin fraglich bleiben wird, ob die Landesvertretung sich solchen ausgedehnten und ganz außerhalb ihrer Bestimmung liegenden Aufgaben auf die Dauer überhaupt gewachsen zeigen wird.

f) In Verbindung mit der Begrenzung steht die Frage wegen der Stadtkreise. Nach dem Beschlusse des Abgeordnetenhauses wird Städten mit einer Bevölkerung von 20,000 Einwohnern die Befugniß beigelegt, aus den betreffenden Kreisen auszuscheiden*). Bedenken werden diesem Grundsatze kaum entgegenstehen, da solche Städte wohl überall die Zwecke des Kreisverbandes selbstständig werden erfüllen können, dabei aber in der Kreisverwaltung entweder in einer nicht erwünschten Weise prävaliren oder eine ihrem oft sehr gesonderten Interesse nicht völlig entsprechende Vertretung finden möchten. Man wird sogar, wenn auch diese Einwohnerzahl die Regel bildet, kleineren Städten den Austritt in solchen Fällen nicht versagen dürfen, wo dieselben durch Leistungsfähigkeit besonders hervorragen und das Bedürfniß sie in erheblichem Umfange zu solchen selbstständigen Einrichtungen geführt hat, für die der Regel nach von den Kreisen gesorgt wird.

Eine Uebertragung der rein staatlichen Verwaltungszweige auf die Landräthe der betreffenden Kreise würde durch solche Ausscheidung übrigens nicht gänzlich ausgeschlossen sein.

3) Die Nothwendigkeit einer Reform der Kreisvertretung dürfte kaum noch bestritten werden. Ihre gegenwärtige Zusammensetzung beruht auf Voraussetzungen, die jetzt, wo die Bedeutung der Städte fast überall erheblich gewachsen ist und wo die Landgemeinden nach vollendeter Emancipation von der gutsherrlichen Gewalt zu einem völlig selbstständigen Element im Kreisorganismus geworden sind, längst nicht mehr zutreffen. Diese Veränderungen fordern um so dringender Beachtung, als dem Kreise eine wesentlich erhöhte Bedeutung aus der Organisation erwachsen soll, zugleich aber neue und erweiterte Anforderungen an denselben herantreten. Daneben kann nach den jetzt maßgebenden Grund-

---

*) Sten. Ber. S. 252–65.

Auch in Bezug auf die Größe der Stadtkreise finden sich sehr erhebliche Verschiedenheiten. Münster bildet mit einer Stadtbevölkerung von 22,174 einen eignen Kreis, während Düsseldorf mit 60,181 im Kreisverbande steht.

Durch die Bestimmung würden, nachdem Erfurt kürzlich aus dem Kreisverbande getreten, weiter ausscheiden Elbing, Bromberg, Stralsund, Görlitz, Brandenburg, Halberstadt, Dortmund, Düsseldorf, Duisburg, Essen, Krefeld, München-Gladbach, Bonn, Koblenz und Kiel.

sätzen nicht füglich mehr dem Rittergutsbesitzer als solchen ein besonderes Vorrecht im öffentlichen Leben erhalten bleiben. Wenn der größere Grundbesitz mit Rücksicht auf die noch erhöhten Ansprüche, die an die persönliche Mitthätigkeit der unabhängigen und intelligenteren Landbewohner erhoben werden, auch für die Folge als ein für die Kreisverwaltung absolut unentbehrliches Element erscheinen wird, so darf sich doch diese hervorragende Berücksichtigung nicht mehr der ritterschaftlichen Qualität, sondern lediglich der Ausdehnung des Grundbesitzes zuwenden. Mit den hieraus sich ergebenden Modalitäten können — wie im Anschluß an frühere Entwürfe und von Abgeordneten eingebrachte Anträge im Kreisordnungsentwurfe*) beabsichtigt und wie es gleicher Weise bei Uebertragung der Kreiseinrichtungen auf die neueren Provinzen geschehen ist — die vorhandenen socialen Gruppen des größeren Besitzes, der Stadt- und Landgemeinden nach wie vor als Ausgangspunkt für Bildung der Kreisvertretungen genommen werden. Wenn insoweit die Kontinuität unserer bisherigen Entwickelung gewahrt erscheint, so kommt es doch nunmehr darauf an, die Vertretung aus diesen drei Faktoren in dasjenige Verhältniß zu einander zu setzen, welches der verschiedenartigen thatsächlichen Bedeutung derselben in den einzelnen Kreisen entspricht. Nur auf diesem Wege läßt sich eine gerechte Vertretung aller in Betracht kommenden Interessen erzielen, nur auf diesem Wege aber auch eine Kreis-Ordnung schaffen, die den so mannichfaltig in den einzelnen Landestheilen hervortretenden Zuständen**) sich anpassen läßt.

Der Begriff des großen Grundbesitzes knüpft sich im Entwurf an einen Grund- und Gebäudesteuer-Reinertrag von 1000 Thlr. Man wird dieser Festsetzung***) mit der Maßgabe beitreten dürfen, daß diesem Grundbesitz der ihm durch gleiche kreiskommunale Leistungen entsprechende Fabrikbesitz gleichgestellt werde. Die Besitzer größerer Fabriken werden schon durch die Beschäftigung zahlreicher Arbeiter einen hervorragenden Einfluß im Kreise ausüben, in Verbindung damit aber auch ein erheblicheres Interesse den Kreiseinrichtungen, insbesondere den Kommunikations-, Armen- und Schulanstalten zuwenden müssen. Aus beiden Gründen muß also die Großindustrie dem Großgrundbesitz gleichberechtigt zur Seite gestellt werden. Auch der Kreisordnungsentwurf

*) Vergl. Entwurf 67. und Motive S. 93.

**) In Pommern, Posen und Schlesien überwiegt auch abgesehen vom Domanium der Großgrundbesitz den rustikalen Besitz in erheblichem Umfange. Umgekehrt ist es in den beiden westlichen Provinzen und in Hannover der Fall. In letzterer Provinz findet sich indessen ein sehr ausgedehnter Domanialbesitz.

***) Vgl. Motive S. 96. zu § 68.

(Motive S. 95) enthält diese Erwägung, bringt sie indessen, insofern er bezüglich des Maßstabs der Berechtigung bei dem Gebäudesteuerreinertrag stehen bleibt, nur zum unvollkommenen Ausdruck.

Wenn ferner der Entwurf den s. g. Meistbegüterten mit 6000 Thlr. Reinertrag in Rücksicht auf ihre erheblicheren Leistungen und hervorragendere Stellung eine besondere Bedeutung in der Vertretung beilegt*), so erscheint auch dieses an sich nicht ungerechtfertigt. Gleichwohl braucht dieser größte Besitz darum nicht förmlich aus dem großen Besitz auszuscheiden und als ein ganz neues viertes Element den bestehenden Interessentengruppen hinzugefügt zu werden. Es macht dies die Zusammensetzung viel künstlicher und entspricht auch der Natur der Sache nicht, indem dieser Besitz sich nicht dem Wesen, sondern nur dem Umfange nach von dem übrigen Großgrundbesitz unterscheidet. Wenn demnach den Meistbegüterten für den Fall der Wahl innerhalb des Wahlverbandes der Großgrundbesitzer ein vermehrtes Stimmgewicht beigelegt wird, so kann damit der beabsichtigte Zweck auf weit einfacherem und korrekterem Wege erreicht werden, als es im Entwurfe geschieht.

Die Zahl der Kreisvertreter würde, wenn sie dem Entwurf entsprechend nach der Seelenzahl bemessen wird**), bei Verkleinerung der Kreise sich der Regel nach auf 25—30 belaufen. Da die Vertreter des Großgrundbesitzes und der Großindustrie sich ebensowohl in den Städten wie in den Landgemeinden vorfinden können und demgemäß als die durch Realbesitz vor allen Kreisbewohnern hervorragenden anzusehen sind, so wird man die diesem Verbande zufallenden Stimmen vorweg zu bestimmen und erst die Uebrigbleibenden nach der Einwohnerzahl zwischen Stadt und Land zu theilen haben. Man wird damit zu einem richtigeren Ziele gelangen, als wenn man, wie in § 73 des Entwurfes geschieht, zunächst die Städte den beiden übrigen Wahlverbänden gegenüberstellt. Zugleich wird dadurch ermöglicht, das Verhältniß der dem ersten Verbande zufallenden Stimmen nach festen Grundsätzen zu bemessen, während die im Entwurf (§ 73 Nr. 2) vorgeschriebene Halbirung der Stimmenzahl zwischen Großgrundbesitz und Landgemeinden der ganz verschiedenartigen Bedeutung des ersteren in den einzelnen Kreisen wenig entspricht und wie die Motive (S. 97) selbst zugestehen, eine rein willkürliche ist. Endlich bleibt auf diesem Wege den Landgemeinden eine gewisse Zahl von Vertretern gesichert, was bei der größeren Mannigfaltigkeit der auf einer weit ausgedehnteren Fläche

*) Entwurf § 69. Motive S. 94 und 96.

**) Nach § 66. sollen auch 25,000 und weniger Einwohner 25 auf jede weitere Vollzahl von 5000 Einwohnern je ein Vertreter entfallen.

hervortretenden Bedürfnisse sehr wichtig erscheint. Auch dürfte die zur Vermeidung einer Präponderanz der städtischen Vertreter für gewisse Fälle angeordnete Reduktion*) damit ganz entbehrlich werden.

Die Zahl der Vertreter des ersten Wahlverbandes bestimmt sich, da jedes Kreistagsmitglied nur eine Stimme zu führen hat, zunächst nach der Zahl der überhaupt vorhandenen qualificirten Besitzer. Es bedarf indeß weiterer Einschränkungen: es muß einem zu weitgehenden Uebergewicht dieses Wahlverbandes über die beiden anderen durch geeignete Reduktion der ihm zufallenden Stimme vorgebeugt werden. Als geeigneter Maßstab für die Bedeutung, die dieser Wahlverband gegenüber den beiden andern in dem einzelnen Kreise für sich in Anspruch nimmt, kann nur das Verhältniß angesehen werden, in dem die Summe der von ihm zu leistenden Kreisbeiträge zu den gesammten Kreislasten steht. Neben dem letzteren sind indeß weitere Grenzen unerläßlich nach oben wie nach unten. In ersterer Beziehung würde die Ausdehnung der Stimmzahl bis zur Hälfte aller Stimmen die Bedeutung des städtischen und ländlichen Verbandes unter Umständen ganz zurückdrängen. Ein solches Mißverhältniß muß direkt ausgeschlossen werden**). Andererseits darf die wegen der geringeren steuerlichen Leistung vorzunehmende Reduktion nicht so weit ausgedehnt werden, daß plötzlich in größerem oder geringerem Umfange Elemente aus der Kreisverwaltung ausgeschieden würden, die bisher sehr wesentlich zur Förderung derselben beigetragen haben und die der Kreis wegen ihrer größeren Intelligenz und Unabhängigkeit schlechterdings nicht zu entbehren vermag. Diese Erwägung muß dahin führen, den vorhandenen Vertretern des ersten Wahlverbandes auch da, wo ihre steuerliche Bedeutung es noch nicht mit sich bringt, eine bestimmte Quote der Stimmen, etwa $1/3$, zu sichern und damit dem für die neueren Provinzen als Regel festgestellten Grundsatz***) auch für die übrigen Provinzen Geltung zu verschaffen.

Der Regel nach würde demnach dem ersten Wahlverband eine nach Maßgabe der überhaupt vorhandenen qualificirten Vertreter bis zu einem Drittel aller Stimmen bemessene Stimmenzahl zufallen. Wo dann der

---

*) Entwurf § 73. Nr. 1. Motive S. 97.

**) § 74. des Entwurfs beruht auf einer ähnlichen Erwägung (Motive S. 98). Die complicirten und ziemlich willkürlichen weiteren Bestimmungen in Bezug auf die Stimmzahl der Meistbegüterten werden mit dem Wegfall der letzteren entbehrlich.

***) V. f. d. R.-B. Kassel v. 9. Sept. 1867 (G.-S. S. 1473.) § 9., f. Hannover v. 12. Sept. 1867 (G.-S. S. 1497.) § 19., f. Schleswig-Holstein v. 22. Sept. 1867 (G.-S. S. 1587.) § 17.

steuerliche Kreisbeitrag dieser Vertretung über ein Drittel aller Kreislasten hinausgeht, würde sich die Quote entsprechend weiter aber nie bis zur vollen Hälfte der gesammten Vertreterzahl erhöhen.

Für die Vertheilung der übrigen Vertreter sowohl zwischen den Städten- und Landgemeinden als innerhalb derselben, ist unter entsprechender, die Individualität der einzelnen Gemeinden berücksichtigender Abrundung die Einwohnerzahl maßgebend. Während in den Städten wenigstens für gewöhnlich mindestens je ein Abgeordneter auf jede Gemeinde entfallen wird, müssen die Landgemeinden, der Regel nach ihrer Lage und Größe entsprechend, in Wahlgruppen zusammengelegt werden. Selbstständige Gutsbezirke, deren Besitzer bereits im ersten Wahlverbande vertreten sind, müssen dabei außer Betracht gelassen werden. Daß, wie es im Entwurf vorgesehen, die Wahl in diesen Verbänden der Landgemeinden durch die Vorsteher (in größeren Gemeinden unter Hinzutritt der Schöffen) erfolgt, kann nicht das mindeste Bedenken erregen, da dieselben aus völlig freier Wahl auf Zeit hervorgehen*). Dem Grundsatze, daß der Vorsteher die Gemeinden nach außen zu vertreten hat, und daß mit seinen Pflichten auch seine Rechte wachsen müssen, (oben S. 37) wird damit nur vollständig entsprochen.

Die Oeffentlichkeit der Kreisversammlungen und die Publikation der in denselben aufgenommenen Protokolle**) wird wesentlich dazu beitragen, das Interesse und Vertrauen zur Kreisthätigkeit zu erhöhen***).

4) Die erheblichen, dem Kreise mit Durchführung der Selbstverwaltung zufallenden Aufgaben, können ihrer Natur wie ihrem Umfange nach nicht von der Gesammtheit der Kreisvertretung erledigt werden. Dies führt auf die Nothwendigkeit eines Kreisausschusses.

Die Verbindung, in welche der Entwurf dieses Institut mit dem der Amtshauptmänner bringt†), ist eine durchaus künstliche. Ein Aus-

---

*) Vgl. oben S. 34.

**) Entwurf §§ 99. und 103.

***) Mehrere im Entwurf für die Versammlungen vorgeschriebene Formen erscheinen dagegen durchaus entbehrlich, so die Berufung durch besondere Einladungsschreiben (§§ 97. und 98.) die durch Insertion in das Kreisblatt unbedenklich ersetzt werden kann, die abschriftliche Einsendung der Einladungsschreiben an die Regierung (§ 97); die Förmlichkeiten für Protokolle (§ 103) die sich nach den allgemeinen Grundsätzen beurtheilen lassen u. dgl.

†) Nach § 108. sollen von sechs Ausschußmitgliedern drei durch die Kreisversammlung aus den „Kreiseingesessenen" und drei von den Amtshauptleuten und Bürgermeistern aus ihrer Mitte gewählt werden.

schuß kann, wie schon der Name besagt, nicht füglich einen wesentlichen Theil seiner Mitglieder außerhalb derjenigen Versammlung suchen, in deren Namen er tagt. Aber auch im Uebrigen wird die Kreisvertretung schon ohnehin die für die Kreisverwaltung geeignetsten Elemente in sich schließen und im Kreisausschuß zur Geltung zu bringen wissen. Der letztere wird deshalb nach Wegfall der Amtshauptmänner nicht nur unbedenklich durch Wahl der Kreisversammlung aus dieser selbst hervorgehen können, sondern sogar damit erst auf seinen eigentlichen Begriff zurückgeführt werden*). Im Uebrigen findet die hohe Bedeutung, die der Kreisausschuß in dem System der Selbstverwaltung hat, im Entwurfe die vollständigste Beachtung. Das umfassende, ihm zugetheilte Gebiet, die weitgehenden, ihm auf demselben überwiesenen Befugnisse lassen so entschieden die Absicht erkennen, mit dem bisherigen bureaukratisch centralisirenden System gründlich zu brechen und den Schwerpunkt der Verwaltung von den Behörden auf die Vertretungen, von den großen auf die kleinen Verbände zu übertragen, daß diese Vorschriften nothwendig von jedem, der für Selbstverwaltung überhaupt Sinn und Verständniß fühlt, mit lebhaftester Freude begrüßt werden müssen. Von einschneidendster Wirkung ist namentlich der Grundsatz, daß der Kreis in den unter Vorbehalt des Rechtswegs erlassenen sogenannten Interimistiken stets in Beschwerdesachen wenigstens der Regel nach die letzte Verwaltungsinstanz bildet**).

Weniger glücklich ist der Entwurf in der Zergliederung der dem Ausschuß zugewiesenen Wirksamkeit***). Die Kreisordnung hat nur den Rahmen zu schaffen, in den, durch spezielle Gesetze, die auf dem Einzelgebiete dem Ausschuß beizulegenden Befugnisse eingefügt werden müssen, das Gebiet der letzteren würde sie doch niemals erschöpfen können. Die

*) Der Entwurf glaubt durch das Gegengewicht der im Kreisausschuß vertretenen Obrigkeiten eine Gefährdung der Interessen des Staates sowie einzelner Staatsangehörigen verhüten zu sollen (Motive S. 109). Für diese Vorsicht fehlt es an einem zutreffenden Grunde. Auf den Gebieten der rein staatlichen Verwaltung, z. B. dem Militär- und Steuerwesen, bedarf der Staat allerdings der speciellen Vertretung; hier ist indessen die Mitwirkung des Ausschusses ohnehin nur unter denjenigen Modalitäten möglich, welche die Specialgesetzgebung zur Wahrung des besonderen staatlichen Interesse vorschreiben muß. Auf allen übrigen Gebieten ist hingegen eine grundsätzliche Verschiedenheit zwischen dem Interesse des Staates und Kreises nicht anzuerkennen. Wäre sie es, so müßte man damit auf jede weitergehende Selbstverwaltung überhaupt verzichten.

**) Motive S. 111.

***) § 112. Bei Einbringung der Vorlage (Motive S. 11.) wird sogar besonders hervorgehoben, daß dieser Theil des Entwurfs sechs Seiten füllt.

Ausdehnung der Organisation auf das ganze Staatsgebiet mit seinen verschiedenartigen Gesetzgebungen würde solchen Versuch vollends verfehlt erscheinen lassen. Die Kreisordnung muß sich deshalb darauf beschränken, die Stellung des Ausschusses überhaupt zu bestimmen, und seine Aufgaben im Großen und Ganzen zu umschreiben. Die weitere Ausführung ist Sache der Spezialgesetzgebung.

Der Ausschuß bildet demgemäß

a) die Aufsichts- und die der Regel nach endgültige Beschwerdeinstanz für alle im Bereiche der Ortsgemeinden und Lokalbehörden zu erledigenden Angelegenheiten*);

b) in erster Instanz das regelmäßige Verwaltungsorgan des Kreises für die demselben im weitesten Umfange zufallenden allgemeinen Verwaltungsangelegenheiten**);

c) das Organ zur Verwaltung des Kreisvermögens und der Kreisanstalten, die er unter Kontrolle der Kreisversammlung nach den von dieser festgestellten Etats- und Verwaltungsgrundsätzen zu führen hat.

Die in der bisherigen Gesetzgebung nur sehr unbestimmt und beschränkt den Kreistagen verheißene Mitwirkung an der Verwaltung des Landraths***) vermag im Kreisausschuß zur vollsten und ausgedehntesten Bedeutung zu gelangen. Die Verwaltung des Kreises wie der Gemeinden empfängt durch denselben eine wirksame, sich beständig erneuernde Anregung. In den den verschiedenen Theilen des Kreises angehörigen Ausschußmitgliedern gewinnt die Kreisverwaltung Organe, durch die sie einen stetigen lebendigen Einfluß an allen Orten auszuüben vermag, während ihr wiederum durch dieselben eine Fülle unmittelbarer Lebenserfahrungen unausgesetzt von daher zuströmt. Die Mitglieder werden

---

*) Das Verhältniß besteht schon seit längerer Zeit in Dänemark, wo der Amtsrath, der von den Gemeinden (Sognen) und den zum Folkething wahlberechtigten Grundbesitzern gewählt wird, die Beschwerdeinstanz in allen Kommunalsachen bildet.

Dasselbe gilt in Holland mit den durch die anderweite Zusammensetzung der Verbände bedingten Modifikationen. Hier werden alle Beschwerden von den durch Gesetz v. 6. Juli 1850 gebildeten Provinzialausschüssen entschieden.

**) Wesentlich wird es zur Vereinfachung des Geschäftsganges beitragen, wenn der Ausschuß alle diejenigen Geschäfte übernimmt, für die nach der bisherigen Gesetzgebung besondere Kommissionen zu bestellen sind. Nur wo eine speciell sachkundige Beurtheilung erforderlich scheint, für die möglicherweise andere Kreiseinsassen geeigneter sein möchten als die jeweiligen Ausschußmitglieder, wie z. B. bei Abschätzung der Mobilmachungspferde, würde eine entsprechende Ergänzung des Ausschusses bez. die Bestellung einer besonderen Kommission geboten sein.

***) § 1. sämmtlicher Kreisordnungen.

deßhalb durchaus zweckmäßig als Lokalreferenten im Ausschuß und als Lokaldeputirte im Kreise mit Verwaltungsfunktionen betraut werden können und mit den zu ihrer Durchführung nöthigen Befugnissen ausgerüstet werden müssen. Insoweit — aber auch nur insoweit — ist der dem Institut der Amtshauptmänner zu Grunde liegende Gedanke der praktischen Verwirklichung fähig. Nur wenn von einer bureau- und instanzmäßigen Thätigkeit ganz abgesehen wird, und das Justitut an die Kreisverwaltung des Ausschusses und Landraths unmittelbar angelehnt bleibt, wird das Ehrenamt sich demselben gewachsen zeigen und, wie die bestehende Einrichtung der Feuer- ꝛc. Kommissarien zeigt, mit bestem Erfolge für dasselbe verwerthet werden können.

Der Ausschuß kann ferner bei der Mannigfaltigkeit der ihm zufallenden Geschäfte der Hülfsleistung verschiedener Techniker nicht entbehren. Da der Umfang dieser Geschäfte die Anstellung besonderer Beamten der Regel nach nicht rechtfertigen wird, so kann diese Hülfe nur von den für den Kreis angestellten Staatstechnikern gewährt werden. Es liegt im Begriff der Selbstverwaltung, daß das schon jetzt auf dem Gebiete der öffentlichen Verwaltung innig verbundene Interesse des Staates und der Kreise mehr und mehr zusammenwachse, daß die staatliche in der Kreisverwaltung soweit als thunlich ganz aufgehe. Es erscheint hiernach nicht nur zulässig, sondern durchaus konsequent, daß die gedachte Uebertragung dieser Geschäfte auf die Staatsbeamten ohne Weiteres und ohne besondere Vergütung im vollsten Umfange erfolge*). Die Mitwirkung derselben wird sich auf den verwaltenden wie auf den aufsichtführenden Theil der Kreisthätigkeit erstrecken müssen. Der Kreisbaumeister wird ebensowohl bei Handhabung der Baupolizei und Aufsicht über die Gemeindestraßen wie bei Verwaltung der Kreisstraßen einzutreten haben; der Kreisphysikus sich nicht auf die Thätigkeit in gesundheits-polizeilichen Fragen beschränken dürfen, sondern auch bei Verwaltung etwa vorhandener Kreiskrankenanstalten ꝛc. mitwirken müssen**).

---

*) Besondere Instruktionen, wie sie im Entwurfe vorgesehen sind (Motive S. 110), dürften entbehrlich sein.

Der Ausschluß jeder Vergütung darf nicht befremden, wenn man davon ausgeht, daß der Staat und seine engeren Verbände sich gegenseitig ergänzen und daß sie deshalb auf jede mögliche Weise in ihren Bestrebungen sich gegenseitig fördern und unterstützen müssen. Eine Abrechnung bezüglich der gegenseitigen Leistungen ist der Natur der Sache nach nicht wohl durchführbar. Sollte man sie aber versuchen, so würde es immerhin fraglich bleiben, auf welcher Seite das Meiste zu vergüten bliebe.

**) Wo der Umfang der Gemeindeforsten es mit sich bringt, ist einem Oberförster die Mitwirkung bei der Oberaufsicht über dieselben (Vgl. oben S. 44.) zu übertragen.

Die Ausschußsitzungen, an denen nur die weder direkt noch indirekt betheiligten Mitglieder Theil nehmen dürfen, werden zweckmäßig an regelmäßig (etwa monatlich) wiederkehrenden Terminen abzuhalten sein. Das Verfahren muß öffentlich sein und in den geeigneten Fällen, z. B. in Beschwerde- und Koncessionssachen unter Zuziehung der Betheiligten erfolgen.

Die entsprechende Verwaltung in den Stadtkreisen muß sich thunlichst an die in denselben bestehenden kommunalen Organisationen anschließen. Die oben (unter c) erwähnte kreiskommunale Thätigkeit fällt hier mit der der Ortsgemeinde vollständig zusammen. In gleicher Weise muß der (zu a bezeichnete) Theil der Wirksamkeit ausgeschieden werden, vermöge dessen der Ausschuß als Aufsichts- und Beschwerdeinstanz fungirt. Eine solche kann der Natur der Sache nach nicht ausschließlich aus der in erster Instanz entscheidenden Körperschaft hervorgehen*). Dieses Gebiet muß deshalb nach wie vor der Provinzialinstanz zufallen, und kann dieses um so eher, als es sich nur um wenige Städte handelt, und als in diesen bei größerer eigner Selbstständigkeit die Fälle des Eingreifens der Aufsichtsinstanz seltener, zugleich aber wegen der höheren kommunalen Bedeutung dieser Gemeinden von größerer Wichtigkeit sein werden**). Die demgemäß hier allein noch in Frage kommenden, vom Kreisausschuß als erste Instanz wahrzunehmenden Funktionen sollen nach §§ 122 u. 123 des Entwurfs in den Stadtkreisen einem besonderen, aus den städtischen Kollegien hervorgehenden Stadtausschuß übertragen werden. In Städten mit kollegialem Magistrat tritt damit zu den vorhandenen beiden ein drittes Kollegium. Es liegt auf der Hand, daß dadurch der Apparat der städtischen Verwaltung ein äußerst komplicirter wird und daß für Reibungen und Kompetenzstreitigkeiten, die schon zwischen den beiden städtischen Kollegien nicht ganz zu vermeiden sind, ein neues ergiebiges Feld sich eröffnet. Aus diesem Grunde sind auch bereits vor Berathung dieses Theils der Kreisordnung sehr beachtenswerthe Einwendungen gegen denselben erhoben. Erwägt man gleichzeitig, daß in den kollegialischen Magistraten sowohl der Zusammensetzung

*) Im Entwurf findet sich dieser Grundsatz nicht vollständig durchgeführt. So soll z. B. nach § 125. in den Fällen des § 112. Nr. I. 2. und V. 2. der aus den städtischen Kollegien hervorgegangene Ausschuß über Beschwerden gegen Beschlüße des Magistrats entscheiden.

**) Auch das im Entwurf nicht berührte Verhältniß der Königlichen Polizeiverwaltungen dürfte sich nicht wohl anders als auf diesem Wege im Sinne der Reorganisation regeln lassen.

wie der Bedeutung nach im Großen und Ganzen bereits dasjenige geboten ist, was man mit den Ausschüssen im Kreise erstrebt, so wird man diesen unbedenklich die gedachten Funktionen zuweisen und die Bildung von Ausschüssen auf die in der Rheinprovinz vorhandenen Städte ohne kollegialischen Magistrat beschränken können.

5) Dem Landrath*) fällt die laufende Verwaltung des Kreises, der Vorsitz im Kreistage und Ausschusse und die Vorbereitung und Ausführung der Beschlüsse beider Körperschaften zu. Durch den Ausschuß wird die hohe Bedeutung der landräthlichen Stellung in keiner Weise nachtheilig beeinflußt. In der gemeinsamen Wirksamkeit mit demselben erwächst dem Landrath im Gegentheil ein neues, bei der ausgedehnten Kompetenz des Ausschusses überaus wichtiges Feld der Thätigkeit. Wo er bisher an die Genehmigung der vorgesetzten Behörden gebunden war, tritt er nunmehr unmittelbar mitwirkend ein. Denn der Kreisausschuß bietet den sichersten Weg zur ausgedehntesten Decentralisation**) zu einer wesentlich erweiterten Kompetenz der Kreisinstanz. Die Zusammensetzung des Ausschusses aus dem geschäftsleitenden und ausführenden Landrath und den berathenden und beschließenden Mitgliedern gewährt die naturgemäße Vermittelung der in der collegialen Entscheidung gegebenen Garantie gegen die Willkür subjektiver Auffassung mit der zu einer energischen Verwaltung und prompten Geschäftsführung unerläßlichen Einheit des Willens und Verantwortlichkeit der Person. Die fortgesetzte gemeinsame Thätigkeit wird bald zu einer Verständigung über die leitenden Grundsätze zu einer dem Wesen nach einheitlichen Auffassung der Kreisverwaltung führen. Das Wohlthätige solcher Verbindung wird sich über die Fälle gemeinsamer Wirksamkeit hinaus auch auf solchen Gebieten geltend machen, die ihrem Wesen nach nur vom Landrath erledigt werden können, gleichwohl aber unter einer einseitigen Auffassung desselben Schaden leiden könnten.

Im Allgemeinen fällt dem Landrath, während die Ausschußmitglieder die im Kreise gesammelten praktischen Erfahrungen zur Geltung bringen werden, vorzugsweise die Sorge für den gesetz- und geschäftsmäßigen

*) Mit dem Wegfall der Scheidung der Verwaltung in Kreise und Aemter in der Provinz Hannover fällt der Grund für die dortige abweichende Bezeichnung „Amts- und Kreis-Hauptmann" hinweg.

**) Decentralisation und Selbstverwaltung stehen im innigsten Zusammenhange und bedingen sich gegenseitig. Während die Selbstverwaltungskörper keine specielle Detailkontrolle vertragen, sondern eine gewiße Selbstständigkeit der Entschließung für sich in Anspruch nehmen, führt umgekehrt das Präfektensystem zum Kontrolsystem. Eine ausgedehntere Selbstverwaltung ist mit demselben unvereinbar.

Gang der Verhandlungen ob. Das Erforderniß gründlicher wissenschaftlicher und geschäftlicher Vorbildung gewinnt damit eine erhöhte Bedeutung. Ein jedes Ding will gelernt sein, und so wenig als der bloße Muth den brauchbaren Officier, kann der praktische Sinn für sich allein den tüchtigen Landrath machen. Das Landrathsamt wird gewiß nach wie vor die beste Schule für den Staatsdienst bilden, zur eigentlichen Lehrzeit darf die landräthliche Thätigkeit darum aber nicht herabsinken*).

Fügt man diesem das weitere nach dem Umfange der landräthlichen Thätigkeit unerläßliche Erforderniß hinzu, daß der Landrath am Kreisorte wohne und sich ausschließlich seinem Berufe widme, so wird es mit den dadurch bedingten Modalitäten durchaus erwünscht sein, wenn der Landrath aus den Eingesessenen des Kreises oder doch aus solchen Persönlichkeiten entnommen wird, nach deren Beziehungen zum Kreise von vornherein auf ein ersprießliches Zusammenwirken mit den Kreisorganen gerechnet werden darf. Dieses Ziel wird sich indessen auch dann erreichen lassen, wenn der Landrath nicht mehr vom Kreise gewählt wird. Der Wahl wird in dieser Beziehung leicht eine Bedeutung beigelegt, die sie nach ihrer thatsächlichen Gestaltung gar nicht hat. Die Staatsregierung hat an der Berufung des Landraths als

*) Unsere Ausbildung für die Verwaltung, die s. g. Verwaltungskarriere hat eine eigenthümliche Entwickelung genommen. Nachdem sie sich zu einer fast rein theoretischen gestaltet hatte, droht sie jetzt in das Gegentheil umzuschlagen, indem man glaubt, jede wissenschaftliche Vorbildung bei Seite setzen zu müssen und die Verwaltungsbeamten nur aus dem praktischen Leben herausnehmen zu dürfen. Der Gegensatz zwischen Theorie und Praxis, der so vielfach störend in unserm öffentlichen Leben sich geltend macht, erhält dadurch eine neue Verschärfung. Unsere Behörden werden sich noch mehr als bisher aus theoretisch durchgebildeten aber dem praktischen Leben fremd gebliebenen Assessoren und aus der Verwaltung ganz fern gestandenen und mit dem Wesen derselben nur durch einen flüchtigen Kursus vertraut gewordenen Privaten zusammensetzen. Wird ersteren für die faktischen Bedürfniße nur zu leicht das nöthige Verständniß abgehen, so werden letztere neben unvollkommenerer Beachtung der gesetzlichen Vorschriften sich auch häufig nicht aus einer gewissen Abhängigkeit von ihren geschäftskundigeren subalternen Organen herausarbeiten können. Die Abhülfe liegt allein in der gehörigen Verbindung zwischen Theorie und Praxis in einer vollständigen und unausgesetzten Ergänzung der einen durch die andere. Wird nach diesem Gesichtspunkte die Verwaltungskarriere einfach und sachgemäß geordnet und kräftig gefördert, so wird sie nicht nur ein für die Verwaltung durchaus geeignetes Beamtenmaterial zu liefern im Stande sein, sondern vermöge der in ihr gebotenen Gelegenheit zur Ausbildung für den öffentlichen Dienst auch von den Elementen der Selbstverwaltung mehr als bisher benutzt werden. Sie wird damit aus einer Schule der Büreaukratie, als welche sie vielfach noch angesehen wird, zur schneidigsten Waffe gegen dieselbe.

eines Staatsorgans ein so bestimmt ausgeprägtes Interesse, daß sie einen vorwiegenden Einfluß auf die Ernennung von jeher ausgeübt hat und ihm auch für die Folge in keiner Weise entsagen darf. Erscheint schon hierdurch der Werth der Wahl sehr wesentlich abgeschwächt, so kann ferner, wie es auch die maßgebenden Vorschriften besagen, von einer solchen immer nur insoweit die Rede sein, als geeignete Kandidaten im Kreise selbst vorhanden sind. Abgesehen von der ungleichartigen Behandlung der Sache in den verschiedenen Kreisen entsteht dadurch auch die Gefahr, daß Kreise lediglich zur Wahrung ihres Wahlrechtes die Wahl auf weniger geeignete Persönlichkeiten richten. Das sogenannte Wahlrecht wird deshalb unbedenklich auf eine Anhörung der Kreistage über die Persönlichkeit des zu ernennenden Landraths beschränkt werden können*). Es darf nach der bisher von der Staatsregierung unausgesetzt befolgten und vielfach bewährten Praxis unbedingt vorausgesetzt werden, daß auch künftig bei Ernennung des Landraths der Beziehung desselben zum Kreise die gebührende Rücksicht in keiner Weise versagt werden wird.

6) Der Modus der Kreisbesteuerung ist bereits oben (S. 37—43) entwickelt. Dem Kreistage ist unbedenklich das Recht beizulegen, im Interesse des Kreises die Kreisangehörigen mit Abgaben zu belasten*). Wenn im Entwurf diese Befugniß in Ansehung der Oberaufsicht auch wesentlich erweitert wird**), so ist es doch keineswegs zutreffend, daß für Gegenstände der laufenden Verwaltung immer noch die ministerielle Genehmigung erfordert wird. Es ist durchaus unerläßlich, daß die Masse der Detailfragen nicht länger auf den Ministerien laste und daß der Gang der Verwaltung durch die mit der Ministerialgenehmigung verbundenen Verzögerungen nicht weiter in Fesseln gelegt werde. Das gerade soll die Organisation abschneiden; nur dazu soll die Kompetenz der Provinzialinstanz erweitert werden, daß die gesammte laufende Verwaltung innerhalb der Provinz ihren endgültigen Abschluß erreiche. Die Aufsicht über die Kreisverwaltung kann hiernach nur von der Provinzialbehörde bez. vom Provinzialausschuß ausgeübt werden.

---

*) Im Erfolge läuft dies auf das im Entwurfe dem Kreistage beigelegte Vorschlagsrecht (§ 61. und Motive S. 89. und 90.) hinaus. Die Beschränkung desselben auf Kreiseingesessene hat keine wesentliche praktische Bedeutung, da auch anderweit hervortretenden Wünschen die entsprechende Berücksichtigung nicht füglich würde versagt werden können.

*) Entw. § 94. Nr. 3.

**) Das. § 130.

V.

Die Provinz.

Nach der bisherigen Gesetzgebung*) sollte die Provinzialvertretung

a) Gesetze, welche die Provinz betrafen oder Veränderungen in Personen und Eigenthumsrechten zum Gegenstande hatten, berathen,

b) Bitten und Beschwerden annehmen und prüfen,

c) über Kommunalangelegenheiten der Provinz unter Vorbehalt Königlicher Genehmigung und Aufsicht beschließen.

Die Aufgaben zu a und b sind durch die Grundsätze der Verfassung über Gesetzgebung und Petitionsrecht ihrem Wesen nach erledigt; die zu c gedachte Kompetenz, bezüglich deren in einzelnen Provinzen besondere Kommunallandtage konkurriren**), ist dagegen in verschiedenem Umfange in den einzelnen Provinzen weiter entwickelt und demnächst auch auf die neu erworbenen Provinzen übertragen***). Die größte Ausdehnung wird sie zur Zeit im Regierungsbezirk Kassel und in der Provinz Hannover erlangt haben, wo mit den Provinzialfonds mehrere bis dahin vom Staate verwaltete Anstalten und Gegenstände ganz auf die Provinz übergegangen sind†).

*) Ges. v. 5. Juni 1823 (G.-S. S. 129).

**) Dergleichen bestehen für die Altmark, die Kur- und die Neumark; für die Nieder- und die Ober-Lausitz, für Hinter- und Altvorpommern und für Neuvorpommern mit Rügen.

***) V. f. Hannover v. 22. Aug. 1867 (G.-S. S. 1349); f. Schleswig-Holstein v. 22. Septbr. 1867 (G.-S. S. 1581); f. d. R.-B. Kassel v. 20. Septbr. 1867 (G.-S. S. 1537) und f. d. R.-B. Wiesbaden mit Ausschluß der Stadt Frankfurt v. 26. Septbr. 1867 (G.-S. S. 1659).

†) Ges. v. 16. Septbr. 1867 (G.-S. S. 1528) und v. 7. März 1868 (G.-S. S. 223).

Es bedarf also zunächst nur der weiteren Verfolgung des einmal betretenen Weges. Das Gebiet der Provinzialverwaltung ist jedenfalls noch weiterer Ausdehnung fähig: die Staatschausseen, die verschiedenen zur Beförderung der Gewerbe und Landwirthschaft bestimmten Fonds und Anstalten 2c. sind durchaus geeignete Objecte für dieselbe. Zugleich muß diesen vermehrten Pflichten entsprechend mit Bildung von Provinzial-Fonds weiter vorgegangen werden. Insofern damit die Höhe einzelner staatlicher Einkommenszweige, z. B. der Grund- und Gebäudesteuer ganz erreicht wird, können dann auch diese den Provinzen zur selbstständigen Verwaltung überlassen werden.

Diesen Aufgaben wirthschaftlicher Verwaltung tritt das Bedürfniß der allgemeinen Verwaltung hinzu. Sie muß, was die laufenden Geschäfte anbetrifft, in der Provinz ihren endgültigen Abschluß finden, da nur auf diesem Wege die Ministerien völlig von dem Drucke der Detailverwaltung befreit werden können.*) Gleichzeitig damit muß der Bau der Selbstverwaltung bis in die Spitze hinauf weiter geführt, muß auch in der Provinzialinstanz die Bevölkerung zu entsprechender Mitwirkung herangezogen werden.**)

Diesen zwiefachen Aufgaben wirthschaftlicher und obrigkeitlicher Verwaltung muß in der Provinzial-Ordnung durch analoge Organe entsprochen werden, wie solche in der Organisation der Kreise gebildet werden. Erst dadurch erhält die Organisation nach oben hin den nothwendigen Abschluß.

Das ganze Reorganisationswerk braucht darum nicht auf einmal in Angriff genommen zu werden. Die Aufgaben sind so erheblich, daß es sich dringend empfiehlt, wo es immer möglich ist, sie durch Theilung zu mindern. In diesem Sinne wird die Provinzial-Ordnung unbedenklich bis nach vollendeter Organisation der Kreise und Gemeinden verschoben werden dürfen, und auf der damit gewonnenen Grundlage weit leichter

---

*) Der Gedanke liegt schon im Publikandum v. 16. Dec. 1808. § 4. und demnächst in der Instr. v. 31. Dec. 1825 (G.-S. 1826. S. 1) § 1 III., wonach dem Ober-Präsidenten die Stellvertretung der obersten Staatsbehörden in gewissen Angelegenheiten unter eigner Verantwortlichkeit übertragen wurde. Konsequent hätte in diesen Fällen die Entscheidung des Ober-Präsidenten eine endgültige sein müssen. Eine centralisirende Praxis hat ihn indeß auch hier lediglich zu einer zwischen Minister und Regierung eingeschobenen Zwischeninstanz gemacht.

**) Bereits nach § 93. der Geschäftsinstr. f. d. Reg. und §§ 18. ff. der V. v. 26. Dec. 1808 sollte durch Theilnahme landständischer Repräsentanten an den Geschäften der Regierungen die Administration mit der Nation in nähere Verbindung gesetzt werden.

und sicherer ausgeführt werden können, als wenn sie gleichzeitig mit der Kreisordnung durchgeführt würde.

Das erste Erforderniß dieser Organisation ist die Herstellung der Einheit in der Provinzialinstanz, die Beseitigung der Regierungen bez. ihr Aufgehen in der Provinz. Die letztere ist nicht allein schon jetzt der Grundbegriff, an den nahezu alle speciellen Verwaltungszweige mehr oder weniger unmittelbar sich anschließen*), sie bildet auch den Boden für die Provinzialvertretung, mit der die allgemeine Verwaltung nunmehr in die engste Beziehung treten soll.

Die Einrichtung wird ferner auch durch Verminderung der Instanzen zur Vereinfachung der Verwaltung sehr wesentlich beitragen**) und die Ausbildung einheitlicher Verwaltungsgrundsätze für die ganze Provinz ermöglichen. Die Durchführung wird sehr wesentlich erleichtert werden

a) durch die (oben unter IV. erwähnte) Ausdehnung der Kompetenz des Kreises,

b) durch vollständige Ausscheidung der Finanz- aus der allgemeinen Verwaltung, die der Verschiedenartigkeit der von beiden zu vertretenden Interessen durchaus entspricht***),

c) in dem Zurückgehen auf die frühere Theilung zweier der größesten Provinzen in Ost- und West-Preußen, Ober- und Nieder-Rhein †),

d) äußersten Falls in vorläufiger Bildung mehrerer Provinzialausschüsse unter besonderen Delegirten in den größten Provinzen ††).

---

*) Zu erwähnen sind hier die Konsistorien, Provinzial-Schul-Kollegien, Medicinal-Kollegien, General-Kommissionen, Provinzial-Steuer-Direktionen und in Hannover die Finanz-Direktion, im gewissen Sinne auch die Oberbergämter, Eisenbahn-, Post- und Telegraphen-Direktionen.

**) Vgl. die oben (Anm. auf S. 5) erwähnte Schrift S. 8—10.

***) In Hannover hat sich die daselbst für Verwaltung der direkten Steuern, Domänen und Forsten laut Erl. v. 5. April 1869 (G.-S. S. 511) gebildete Finanz-Direktion, wenn man von der grade auf diesem Gebiet so unendlich weitgetriebenen und ohnehin nicht mehr haltbaren Ausdehnung der Kompetenz der Provinzialbehörde auch die kleinsten Detailfragen absieht, unbedingt bewährt.

†) Auch für Hessen und Nassau möchte bei der Verschiedenartigkeit der Verhältnisse und dem Vorhandensein besonderer kommunaler Verbände die Bildung zweier Provinzen in Frage kommen.

††) Eine Analogie findet sich in den badischen Landeskommissären, die als Mitglieder der centralen Verwaltungsbehörde, und ohne eine Instanz zu bilden, gewisse Verwaltungsgeschäfte für lokal getrennte Bezirke wahrnehmen.

Die **Organisationen in der Provinz** bauen sich ganz naturgemäß auf denen des Kreises auf. In Besteuerung und Vertretung darf einfach auf die Einrichtungen des letzteren zurückgegangen werden.

Der **Provinziallandtag** kann lediglich aus Abgeordneten der Kreistage bestehen, deren jeder einen, die das Doppelte des durchschnittlichen Steuerbeitrags erreichenden Kreise zwei entsenden müssen.

Wenn ferner die Provinzialvertretung im Anschluß an die bisherigen Einrichtungen ihren Vorsitzenden aus ihrer Mitte selbst wählen mag, so werden doch in dem ständigen Verwaltungskörper für die Provinz im **Provinzial-Ausschuß** die Elemente der Staats- und der provinziellen Selbst-Verwaltung in engere Verbindung zu einander gebracht werden müssen, als es bisher insbesondere im Hannoverschen Provinzial-Ausschuß der Fall gewesen ist*). Der Ausschuß muß unter Vorsitz des Ober-Präsidenten oder seines Vertreters und unter Konkurrenz des nothwendigen juristisch und technisch gebildeten Beamtenpersonals tagen. Gegenüber dem Einwurf, daß damit der provinziellen Selbstbestimmung zu nahe getreten werde, brauchen wir lediglich auf die oben (S. 6) gemachten Ausführungen Bezug zu nehmen. Gerade in der Provinzialinstanz macht die größere Wichtigkeit einer streng geschäftsmäßigen Behandlung der Angelegenheiten und das schärfere Hervortreten principieller Gesetzesfragen eine entsprechende Mitwirkung des Beamtenelementes unerläßlich.

In Hannover hat man diesem Bedürfniß zwar durch Bildung eines besonderen aus drei Mitgliedern bestehenden Landesdirectoriums Rechnung zu tragen gesucht, dessen Mitglieder den Ausschußsitzungen mit berathender Stimme beiwohnen.**) Das Nebeneinanderbestehen des Provinzialausschusses nebst dem ihm vorsitzenden Landtagsmarschall, des Landesdirectoriums und der für die Provinz bestehenden staatlichen Behörden — auch wenn letztere nach Wegfall der Landdrosteien zu einer zusammenschmelzen sollten — bildet indessen einen äußerst complicirten Mechanismus, der eine Menge Geschäfte herbeiführt, die nicht die Verhältnisse den Behörden, sondern letztere sich unter einander bereiten. Hierdurch wird nicht nur die Verwaltung ganz unnöthig erschwert, sondern auch die Selbstverwaltung wegen der damit verbundenen Reibungen wenig gefördert.

---

*) Erl. und Regul. v. 1. Novbr. 1868 (G.-S. S. 979). — Analoge Organisationen schafft Erl. v. 11. Novbr. 1868 (G.-S. S. 999) f. den R.-B. Kassel v. 17. Juli 1871 (G.-S. S. 299) f. d. R.-B. Wiesbaden und v. 14. Aug. 1871 (G.-S. S. 372) f. Schleswig-Holstein.

**) Daselbst § 5. u. 6. und Geschäfts-Ordnung f. d. Verwaltungs-Ausschuß des Hannov. Prov.-Landtags § 13.

Der Provinzial-Ausschuß bedarf ferner lokaler Organe. Die bloße Möglichkeit eines unmittelbaren geschäftlichen Verkehrs, wie solche in Hannover zugelassen ist, reicht für eine weiter entwickelte Selbstverwaltung nicht mehr aus; es bedarf dazu einer directen Einwirkung. Eine solche steht aber nur auf dem bezeichneten Wege zu erreichen.

Endlich ist die provinzielle Verwaltung bis jetzt noch nicht eigentlich aus dem Gebiete der rein wirthschaftlichen Verwaltung herausgetreten, wenigstens hat der erste Anlauf, der in dieser Richtung bei Entscheidung von Armenpflegestreitigkeiten gemacht ist, sich nicht der bestehenden provinziellen Verwaltungsorganisation anschließen können, vielmehr besondere aus Staatsbeamten und Provinzialvertretern kombinirte Organe hervorrufen müssen.*)

Gerade diese Wirksamkeit gewinnt aber bei Durchführung der Selbstverwaltung die größte Bedeutung, da der Provinzial-Ausschuß auf allen Verwaltungsgebieten zur Aufsichts- und Beschwerde-Instanz über den Kreisen berufen erscheint. Es bedarf dazu eines ständigen Verwaltungskörpers, der nicht für jeden Verwaltungszweig besonders construirt wird, sondern alle Geschäftszweige der wirthschaftlichen wie der obrigkeitlichen Verwaltung innerhalb der Provinz zu umfassen vermag. Beide Gebiete können in der Provinzialinstanz ebenso wenig von einander getrennt werden, wie in den unteren Instanzen. Dieselbe Behörde, die Landarmenhäuser und Straßen baut und unterhält, muß nothwendig auch über Bedürfnisse der Armenpflege und des Wegebaues entscheiden können. Für eine ausgedehnte provinzielle Selbstverwaltung läßt sich hiernach nur von der angedeuteten Organisation ein befriedigender Abschluß erwarten.

Die ständigen Verwaltungsgeschäfte des Ausschusses werden ähnlich wie beim Kreisausschuß in regelmäßigen, etwa vierteljährlichen Sitzungen, zu erledigen sein.

Das Publikationsorgan für die gesammte Provinzialverwaltung, einschließlich der Thätigkeit des Landtags und Ausschusses, bildet das auf den Bereich der ganzen Provinz auszudehnende Amts-Blatt. Durch schärfere Ausscheidung der nur vorübergehendes oder lokales Interesse bietenden Veröffentlichungen, zu welcher der mit dem Amtsblatt ver-

---

*) §§ 40. ff. des Ausführungsges. über d. Unterstützungswohnsitz v. 8. März 1871 (G.-S. S. 130).

**) Wie nothwendig ein analoges Vorgehen in der Centralinstanz bezüglich der Gesetz-Sammlung erscheint, wird in der oben (Anm. auf S. 5) angeführten Schrift (S. 16) näher ausgeführt.

bundene öffentliche Anzeiger Gelegenheit bietet, wird sich die Bedeutung des Blattes wesentlich erhöhen lassen.

Die Oberaufsicht der Ministerien über die Provinz würde eine rein formelle nur die Personalien und den Geschäftsgang umfassende werden (oben S. 8). In den materiellen Fragen würde dagegen der Ausschuß zu entscheiden haben und zwar, insoweit es sich um thatsächliche Fragen handelt, stets endgültig. Diese entziehen sich ihrer Natur nach der Beurtheilung durch die ferner stehende Centralinstanz und die gegenwärtige Art der Erledigung solcher Beschwerden, die sich nur immer wieder auf die Darstellung der Thatsachen durch die untere Behörde gründen kann, wird schwerlich befriedigen. Anders wo es sich um Fragen der Gesetzesanwendung handelt, wo Principien aus der umgebenden Hülle der thatsächlichen Verhältnisse heraus geschält werden können. Hier sind bestimmte Anhaltspunkte für die höhere Entscheidung gegeben, hier erscheint ein Rechtsmittel gegen die von den Kreis- und Provinzial-Ausschüssen gefällten Urtheile nicht allein möglich, sondern im Interesse der Rechtseinheit durchaus nothwendig.

In diesem Sinne wird ein Verwaltungsgerichtshof*) alle zweifelhaft gewordenen Fragen unserer Verwaltungsgesetzgebung in präjudizieller Weise lösen und damit die Fortbildung unseres Verwaltungsrechtes anbahnen können, wozu die bisherigen Rescripte weder der Form noch dem Inhalt nach geeignet waren.

*) Bedeutung und Gestaltung eines solchen finden sich vortrefflich entwickelt in „Gneist, die preuß. Kreis-Ordnung" (Berlin bei Springer) S. 196—9 u. 203 f. —11.

VI.

Durchführung der Reorganisation auf den einzelnen Verwaltungsgebieten.

Der volle Werth und die ganze Bedeutung der Organisation tritt erst in der Anwendung derselben auf die Specialgebiete der Verwaltung hervor. Die letzteren werden erst in ihr auf eine einheitliche Grundlage, auf feste gleichmäßige Grundsätze zurückgeführt*) und müssen wenigstens in diesem Sinne hier näher betrachtet werden.

1) Wie oben (S. 77) erwähnt, hat die Preußische Gesetzgebung schon frühzeitig die Bevölkerung zu ausgedehnterer Mitwirkung bei Verwaltung der rein staatlichen Angelegenheiten berufen, und das mit vollstem Recht. Der Staat und die kommunalen Verbände bilden keinen Gegensatz. Die letzteren sind des Staates eigenstes Selbst. Ihre Interessen sind so unmittelbar mit einander verwachsen, daß beide ihren Zweck nur durch rückhaltloseste gegenseitige Förderung zu erfüllen vermögen. Es ist ebenso verkehrt, wenn man glaubt, Kreis und Gemeinde grundsätzlich mit allen Aufgaben der staatlichen Verwaltung verschonen zu müssen**), als wenn der Staat sie etwa aus engherzig fiskalischer Rücksicht ausnutzen oder die eignen Lasten auf ihre schwächeren

*) Die Organisation bildet deßhalb für Weiterentwickelung unserer Gesetzgebung, insbesondere für die Ordnung des Schul- u. Wegewesens eine unerläßliche Vorfrage. Ohne sie würde, wie es zum Theil bei den Ausführungsvorschriften zur Gew.-O. v. 21. Juni 1869 und zum Ges. über den Unterstützungswohnsitz vom 21. Juni 1870 der Fall gewesen, für jedes Einzelgebiet eine eigene Organisation und ein besonderes Verfahren geschaffen werden müssen, und dadurch die Gesetzgebung noch umfangreicher und verwickelter sich gestalten, als sie es bereits jetzt ist.

**) Von diesem Gedanken erscheint die Hannoversche Organisation einigermaßen durchweht.

Schultern abwälzen wollte. Viele staatlichen Angelegenheiten werden von den kommunalen Organen nicht nur am Einfachsten, sondern, da diese den Verhältnissen näher stehen, auch am Besten besorgt werden. Selbstredend muß dabei der Staat vor Allem diejenigen Gegenstände, in denen er auf diese Mitwirkung angewiesen erscheint, in möglichst einfacher und verständlicher Form gestalten, um sie dadurch auf jede thunliche Weise zu erleichtern*).

a) Im Gebiete der Justizverwaltung wird den Ausschüssen die definitive Feststellung der Geschworenenlisten, sowie die Auswahl der Schöffen zu den polizeirichterlichen Sitzungen**) zu übertragen sein.

b) Im Militairwesen fallen die Funktionen aller für die Repartition und Verwendung der Militairleistungen im Kreise bestehenden Kommissionen dem Ausschusse zu***). Das Recht zur Bestätigung der innerhalb der Gemeinden wegen Vertheilung der Quartierlast getroffenen Festsetzungen†) geht mit der veränderten Kompetenz in Kommunalsachen von selbst auf denselben über.

Der Ausschuß entscheidet ferner über Militairreklamationen einschließlich der Zurückstellungsgesuche der Reservisten und Landwehrleute††). Er ergänzt sich beim Ersatzgeschäft durch Hinzutritt der kommandirten Offiziere und vertritt insoweit die Stelle der bisherigen Kreis-Ersatz-Kommission†††). Die Theilnahme desselben an dem Geschäft der körperlichen Untersuchung ist zwecklos und mit ganz unverhältnißmäßiger Belästigung verknüpft. Es erscheint vollkommen ausreichend, daß

---

*) Wie dringend grade dem Verfahren in Militair- und Steuersachen Vereinfachung Noth thut, ist in der oben (Anm. auf S. 5) erwähnten Schrift S. 19–21 näher entwickelt.

**) V. v. 3. Jan. 1849 (G.-S. S. 14) §§ 64.–66. und Ges. v. 3. Mai 1852 (G.-S. S. 209) Art. 57. — Anlage zur V. über d. Strafverfahren in d. neuerw. Landestheilen vom 25. Juni 1867 (G.-S. S. 921).

***) Solche Kommissionen bestehen:

1) zur Vertheilung der Unterstützungen an die Familien einberufener Reservisten und Landwehrleute Ges. v. 7. Febr. 1850 (G.-S. S. 70) § 7.,
2) zur Vertheilung der Landlieferungen Ges. v. 11. Mai 1851 (G.-S. S. 362) § 5. Nr. 3.
3) zur Normirung der Grundsätze für Vertheilung der Einquartirungslast im Kreise, Bundesges. v. 25. Juni 1868 (B.-G.-B. S. 523) § 7.

†) Daselbst § 7.

††) Die Entscheidung über diese Gesuche erfolgt nach Beilage 3 zu der nicht publicirten Verordn. über Organisation der Landwehrbehörden v. 5. Septbr. 1867, etzt lediglich durch die beiden Vorsitzenden der Kreisersatz-Kommission.

†††) Ersatzinstruktion vom 26. März 1868 § 68.

er am Schluß des Ersatzgeschäftes zur Entscheidung aller in Betracht kommenden Reklamationen zusammentrete. Der Ausschuß würde in gleicher Weise nur ohne Hinzutritt der Offiziere über Reklamationen vom stehenden Heer zu entscheiden haben, die jetzt aus rein formellen Gründen ohne Mitwirkung der Kommissionen allein von den Behörden erledigt werden*). In beiden Fällen müssen wie bisher alle mehr als eine zeitweise Zurückstellung bezweckenden Entscheidungen der höheren Bestätigung unterworfen bleiben. Das militairische Interesse und die gerade auf diesem Gebiet so unerläßliche Gleichmäßigkeit der Grundsätze fordern dies unbedingt. Die letztere muß von der bestätigenden Behörde auf's Strengste gewahrt werden, wogegen in den thatsächlichen Fragen die Auffassung der Kommission hauptsächlich entscheidend sein muß.

c) Im Steuerwesen wird die Einschätzung der direkten Steuern gleichfalls schon jetzt zum großen Theil durch Kommissionen bewirkt, die aus der Selbstverwaltung hervorgegangen sind**), und nunmehr im Kreisausschuß würden aufgehen können. Ihre Wirksamkeit stößt in dem scharfen Gegensatz der hier zwischen dem staatlichen und individuellen Interesse hervortritt, auf ein nicht immer leicht zu überwältigendes Hinderniß. Bei der Unmöglichkeit eines ständigen Zusammenwirkens der Finanzbehörden mit den Organen der Selbstverwaltung fehlt es daher hier häufig an der geeigneten Vermittelung. Das Gesetz vom 1. Mai 1851***) hat bei der Einkommensteuer-Veranlagung der Selbstverwaltung ziemlich freie Hand gelassen, sie dagegen in der Klassensteuer mittelst des unbeschränkten Festsetzungsrechtes der Regierung in desto beengendere Fesseln gelegt†). Eine Abhülfe kann nur durch Kon-

---

*) Das. § 188.

**) Dergleichen bestehen:

a) zur Einschätzung der Einkommensteuer Ges. v. 1. Mai 1851 (G.-S. S. 193) § 21.

b) desgl. der Gebäudesteuer Ges. v. 21. Mai 1861 (G.-S. S. 317) § 9.

c) zur Begutachtung der Klassensteuer-Reklamationen Ges. v. 1. Mai 1851 (G.-S. S. 193) § 14c.

***) Da die Grund- und Gebäudesteuer bis auf Weiteres bez. für eine längere Periode geregelt ist, die Gewerbesteuer aber der speciellen Selbstverwaltung der Gewerbtreibenden unterliegt, so fällt für die vorliegenden Fragen zunächst nur die Klassen- und Einkommensteuer in Betracht.

†) Daß die Revision der übergroßen Zahl solcher an sich geringfügigen Positionen der Bedeutung einer Provinzialbehörde nur wenig entspricht, auch wegen ihres Umfanges nur mühsam und unvollkommen von derselben bewirkt werden kann, bedarf keiner weiteren Ausführung.

tingentirung erzielt werden. Es wird darauf ankommen, ob nicht die aus den bisherigen Einschätzungen gewonnenen und periodisch durch gründlichere Revision zu vervollständigenden Resultaten ein Soll der Steuern zu bestimmen ist. Damit würde ein Boden gewonnen sein, auf dem die Selbstverwaltung sich völlig frei zu bewegen vermag, ohne die Schranken, welche finanzielle Rücksichten ihr ziehen, irgendwie zu durchbrechen. Sowohl die Einschätzung wie die Entscheidung der Reklamationen würde dann unbeschränkt den Gemeinde- und Kreisausschüssen überlassen werden können.

Die Erhebung der direkten Steuern wird theils von den Gemeinden, theils von besonderen Beamten besorgt. Das letztere in den westlichen Provinzen bestandene System*) hat auch in die neuen Provinzen Eingang gefunden. Gleichwohl verdient die gemeindeweise Erhebung, als bequemer, einfacher und billiger, den Vorzug. Sie kann stets am Orte selbst erfolgen**), und wird sich bei derselben der Gemeindeerheber unbedenklich des größten Theils derjenigen Förmlichkeiten entschlagen können, die für eine staatliche Kassenverwaltung nie ganz zu entbehren sind***).

d) Bei der gemeindeweisen Steuererhebung würde je eine staatliche Kasse für den Kreis ausreichen und damit auch das *Kassenwesen* der Kreisorganisation sich einfügen. Den Landräthen wird in Bezug auf diese Kassen unbedenklich eine wesentlich erweiterte Anweisungsbefugniß beigelegt werden können, um die Provinzialbehörde auch in dieser Beziehung thunlichst zu entlasten. Wo die anzuweisenden Beträge auf allgemeinen Vorschriften beruhen, besteht diese Thätigkeit in einer rein formellen Kontrolle, für deren gehörige Handhabung der Landrath persönlich verantwortlich gemacht werden kann. Andere Beträge wird man, wie es zum Theil schon jetzt geschieht, durch Pauschirungen (Aversionalbeträge) fixiren oder ganz auf Provinzial- und Kreisverbände übertragen können†).

---

*) Kab.-O. v. 6. Febr. 1841 (G.-S. S. 29).

**) In zahlreichen Fällen hat dieser Umstand die Annahme besonderer Ortserheber neben den Staatssteuerempfängern veranlaßt, so daß hier die Rechnung zweimal geführt, die Erhebung doppelt bezahlt werden muß.

***) Jede Steuer eines jeden Debenten muß in jedem Monat journalisirt und kontirt werden. Daß hierzu ganz andere Kräfte erforderlich sind, als wenn es sich nur um ganze Gemeindekontos handelt, liegt auf der Hand. Es wird dadurch eine weit größere Zahl an Beamten und Kassen erfordert, zugleich werden aber auch die vorgesetzten Behörden und Kassen durch Verwaltung und Aufsichtführung insbesondere durch die endlosen Revisionen in unverhältnißmäßig höherem Grade in Anspruch genommen.

†) Vergl. z. B. unten wegen der Kosten der Polizeiverwaltung.

2) Die Ordnung des Volksschulwesens steht mit der Gemeinde- und Kreis-Ordnung in engster Verbindung. Mag die erstere noch so dringend sein, sie wird immer erst, wenn letztere den Boden geebnet und feste Grundlagen geschaffen hat, in einer gedeihlichen Weise erfolgen können. Sie wird indeß, wenn sie erfolgt ist, auch ihre wohlthätige Rückwirkung auf die Weiterentwickelung unserer Selbstverwaltung nicht verfehlen, denn nur wo die Schule den rechten Grund gelegt hat, wird die Gemeinde erfolgreich thätige Glieder finden. Schule und Gemeinde stehen somit in engster Wechselbeziehung und ergänzen einander gegenseitig. Bildet die Gemeinde den Körper, so erhält derselbe erst durch die Schule Seele und Geist.

a) Die erste mehr wirthschaftliche Frage bildet die Beschaffung der Mittel. Diese wird in der Gemeinde- und Kreisorganisation in bestimmterer Weise geregelt und sicher gestellt, als es in der bisherigen Verfassung der Fall war. Es müssen zunächst gewisse Minima bestimmt werden, sowohl für die Lehrergehälter und Schulmittel, als für die nach der Schülerzahl zu bestimmende Zahl der Schulstellen und Ausdehnung der Schulräume. Bezüglich der Gehälter muß das Gesetz sich auf die allgemeinen Grundsätze und die Normirung gewisser Abstufungen beschränken, deren Anwendbarkeit auf die einzelnen Fälle durch die Provinzial- und Kreis-Organe bestimmt wird. Ueber die obligatorischen Schulmittel befinden die Provinzialorgane. Die höchste von ein und demselben Lehrer zu unterrichtende Schülerzahl, sowie die Größe der Schulräume regelt sich nach den bereits in Anwendung befindlichen Grundsätzen. Die zur Erreichung dieser Minima erforderlichen und aus dem Schulvermögen oder Stelleneinkommen nicht gedeckten Mittel, hat zunächst die Gemeinde aufzubringen. Der Kreis muß sie indessen in Erfüllung dieser Verbindlichkeiten unterstützen und mindestens ihr diejenigen Beiträge zuschießen, die sie über eine gewiße Quote ihres Staatssteuersolls (etwa $1/5$ bis $1/4$) aufzubringen haben würde.

Daneben wird es der Stellung und Aufgabe des Kreises*) entsprechen, wenn er alle über die gesetzlichen Anforderungen hinausgehenden Bestrebungen durch Zuwendung von weiteren Beihülfen (Prämien) anregt und unterstützt. Damit ist der allein richtige Weg für eine über das Nothdürftige hinausgehende Entwickelung unseres Schulwesens gegeben. Anerkennende Zuschüsse für besonders verdientere Lehrer; Belohnungen für hervorragende Leistungen der Schüler, zweckmäßige Verbesserungen der Schulräume; Beschaffung praktischer Lehrmittel, Er-

*) Vergl. oben S. 49 u. 50.

richtung von neuen Lehranstalten, die über die unmittelbaren Anforderungen der Volksschule hinausgehen, bieten ein sehr ausgedehntes Feld für eine in dieser Richtung zu entfaltende Kreisthätigkeit. Auch die so überaus wichtige Frage des Fortbildungsunterrichts findet hier ihre geeignete Lösung.

b) Noch unmittelbarer wird durch die Organisation die Frage der Schulverwaltung berührt. Es giebt kaum ein Gebiet, dessen Gestaltung das Interesse der Bevölkerung so unmittelbar für sich in Anspruch nimmt und das gleichwohl die Regierung der Selbstverwaltung so vollständig entzogen hat, als gerade die Volksschule. Die Staatsaufsicht ist hier fast zur vollständigen Staatsverwaltung geworden. Die Einmischung der höheren Staatsbehörden in die kleinlichsten meist nach rein lokalen Rücksichten sich bestimmenden Details, die in Folge dessen oft völlig unpraktische und dabei wesentlich verzögernde und vertheuernde Behandlung der Schulangelegenheiten, hat speciell diesen Zweig der staatlichen Thätigkeit so besonders unpopulär und so vorzugsweise zum Gegenstand von Klagen und Beschwerden gemacht. Während gerade für Schulzwecke die erheblichsten Anforderungen an die Gemeinde gemacht werden, steht derselben in Bezug auf die Verwendung der Mittel nur eine äußerst geringe Einwirkung zu. Die Schulbau- und Schulverbesserungs-Verhandlungen sind dadurch in der Regel die unerquicklichsten; die Beiträge werden meist widerwillig und erst auf direkte Anforderung der Behörde entrichtet; von einer aus eigenem Antriebe hervorgehenden Förderung der Schulinteressen ist nur in den seltensten Fällen die Rede.

Diesen wenig erfreulichen Zuständen vermag nur die Selbstverwaltung wirksame Abhülfe zu verschaffen, nur sie wird in dieses nur von oben herab mühsam im Gang erhaltene Getriebe neues Leben und selbstthätige Bewegung bringen können. Die Volksschule muß Gemeindeangelegenheit werden, nicht nur was die Unterhaltung, sondern ebenso sehr was die Verwaltung betrifft. Der Staat muß sich auf die allgemeine Regelung und Ueberwachung beschränken und die unmittelbare Verwaltung der Gemeinde, die erste Aufsicht dem Kreise überlassen. Im Einzelnen wird sich dies Verhältniß wie folgt gestalten:

Die Gemeinde verwaltet das Schulvermögen und beschließt über Schulbauten in den wichtigeren Fällen, insbesondere bei Neubauten unter Genehmigung des Kreisausschusses. Ihr steht, soweit der gesammte Schulbedarf aus ihren Mitteln gedeckt wird, die Berufung des Lehrers aus der Zahl der staatlich geprüften Bewerber zu. Sie hat die Entwickelung des Schulwesens und das Verhalten des Lehrers zu beachten, kann durch ihre Vertreter allen Inspektionen der Schule beiwohnen, und ist überhaupt das Organ, durch welches der Kreis seine oberaufsehende Einwirkung auf die Schule zur Geltung bringt.

Die laufende Verwaltung in der Gemeinde besorgt der Gemeindevorstand (Vorsteher und Beigeordnete) unter Hinzutritt des Geistlichen, welchem letzteren die unmittelbare Aufsicht über den vom Lehrer ertheilten Religionsunterricht zusteht. Der Gemeinde bleibt die Wahl eines besonderen Schulvorstandes überlassen, in welchen der Geistliche gleichfalls eintritt. Wo eine Gemeinde in mehrere Schulsysteme zerfällt oder mehrere Gemeinden zu einer Schule gewiesen sind, muß ein Schulvorstand bestellt werden.

Der Kreisausschuß übt, wie in den anderen Kommunalangelegenheiten, so auch im Schulwesen die nächste Aufsicht über die Gemeinden aus. Er entscheidet Beschwerden und Streitigkeiten, regelt vorbehaltlich des Rechtswegs die Schulbaupflicht und bildet die Disciplinarbehörde über die Lehrer. Der Rekurs gegen seine Entscheidungen geht in allen Fällen, wo er nicht endgültig entscheidet, an den Provinzial-Ausschuß. Die Aufsicht muß aber auch unmittelbar wirken, wenn sie frisches Leben und reges Streben wecken und erhalten soll. Zu diesem Zweck sind ein oder mehrere Schulinspektoren für jeden Kreis auf Vorschlag des Kreisausschusses vom Ober-Präsidenten anzustellen. Die Stellung mag in den geeigneten Fällen an Geistliche oder angestellte Lehrer gegen eine besondere Vergütung übertragen werden, immer aber unter der Voraussetzung, daß sie neben ihrem Berufe die Zeit zur pünktlichsten Erfüllung der als Schulinspektor ihnen zufallenden Aufgabe zweifellos besitzen, und durch praktische Lehrthätigkeit und pädagogische Vorbildung die speciell für das Amt erforderliche Befähigung sich im vollsten Maße angeeignet haben. Man kann nur inspiciren, was man selbst getrieben; erst die durch eigne unmittelbare Thätigkeit gewonnenen Erfahrungen geben für einen Beruf Sinn und Verständniß. Die Inspicirungen werden ungefähr drei bis vier mal im Jahre Statt finden und sich auf Schuleinrichtungen, Schulbesuch, Schulzucht, Unterricht (Schulplan, Lehrmethode, Erfolge), sowie auf das Verhalten des Lehrers erstrecken müssen. Die Schulinspektoren müssen sodann in allen Schulangelegenheiten dem Kreisausschuß hinzutreten, was diesen in den Stand setzt, nicht nur die zugleich eine technische Seite darbietenden Fragen der Schulverwaltung zu erledigen, sondern auch die bei den Inspektionen der einzelnen Schulen gewonnenen Resulate in angemessener Weise zu verwerthen.

Die Schulinspektoren stehen in technischer Beziehung unter Aufsicht des für die Provinz angestellten und unter dem Ober-Präsidenten stehenden Generalschulinspektors, dem damit die technische Leitung des gesammten Volksschulwesens der Provinz zufällt, und der in Schulfragen in analoger Weise dem Provinzialausschuß hinzutritt, wie die Schulinspektoren dem Kreisausschuß.

Die Schullehrerseminare werden zweckmäßig in Provinzial-Institute zu verwandeln sein.

3) Die Armenpflege ist durch die neueste Gesetzgebung bereits durchgreifend geregelt*). In derselben haben bereits zwei als Grundprincipien decentralisirender Selbstverwaltung aufgestellte Forderungen praktische Geltung erlangt. Erstens werden sehr wichtige Entscheidungen in die Hand von Kommissionen gelegt, die ganz oder theilweise aus den Kreis- und Provinzial-Vertretungen hervorgehen**), sodann erfolgen diese Entscheidungen in verschiedenen Fällen endgültig***). Da auch im Uebrigen der Organisation in Gemeinde, Kreis und Provinz nicht eigentlich vorgegriffen, sondern meist auf die bestehenden Verhältnisse verwiesen wird, so lassen sich die Vorschriften der Gesetzgebung mit nur vereinzelten Modifikationen in die neu zu organisirenden Verbände einfügen.

a) Insbesondere gilt dies von der Gemeinde. Die betreffenden Bestimmungen†) werden mit der vollendeten Organisation zwar zum Theil entbehrlich werden, stehen dieser Organisation selbst aber keineswegs hindernd im Wege. Namentlich würde die Veränderung der Gemeindebezirke (oben S. 26 ff.) die Veränderung der betreffenden Armenverbände nach § 2 des Gesetzes von selbst zur Folge haben. Nur müßte nach dem oben (S. 45) ausgesprochenen Grundsatze als Aufsichtsbehörde statt der Bezirksregierung††) überall der Kreisausschuß eintreten.

b) Den Kreisen wird im Entwurfe eine wirthschaftliche Bedeutung nicht zugewiesen. Für die zunächst über den Ortsarmenverbänden stehenden Landarmenverbände schienen sie zu eng begrenzt†††). Dagegen ist ihnen die Entfaltung einer eigenen Thätigkeit neben dem Gesetz in keiner Weise verschlossen, vielmehr wo sie bestand ausdrücklich

---

*) Bundesges. über d. Unterstützungswohnsitz vom 6. Juni 1870 (B.-G.-B. S. 360) und Ausführungsges. v. 8. März 1871 (G.-S. S. 130).

**) Ges. v. 8. März 1871 §§ 41 und 60.

***) Das. §§ 36, 57, 62 u. 66.

†) Das. §§ 2—25.

††) Das. §§ 9, 10, 12 und 14.

†††) In Schlesien, wo die Kreise Landarmenverbände bildeten, ist dieses Verhältniß durch die beiden Gesetze v. 15. Septbr. 1864 (G.-S. S. 573 u. 579) sogar direkt beseitigt.

aufrecht erhalten*). Die Kreise können also nach wie vor die Ortsarmenpflege in allen den Fällen erleichtern, wo besondere Umstände die letzteren zu schwer belasten würden und sich demgemäß der Fürsorge für Irre, Taubstumme und Blinde, des Eingreifens bei Epidemien und der Errichtung von Kreiskrankenhäusern unterziehen.

Die der Kreistagskommission durch § 60 übertragenen Befugnisse werden dem oben (S. 65) ausgesprochenen Grundsatze gemäß auf den Kreisausschuß überzugehen haben. Im Interesse der Decentralisation würde demselben auch die erstinstanzliche Entscheidung in allen Fällen, wo eine Gemeinde seines Bezirks in Anspruch genommen wird, übertragen werden können, während das Gesetz ihm nur die schiedsrichterliche Entscheidung auf Antrag der Partheien überträgt, die eigentliche Entscheidung aber der Provinzial-Deputation vorbehält**).

c) In der Provinz würde die Verwaltung des Landarmenwesens unbeschadet des § 28 des Gesetzes dem Provinzial-Ausschuß übertragen werden können***), zugleich auch die Heimathsdeputation (§ 41) mit dem Ausschuß in engere Verbindung gebracht werden müßen.

Hinsichtlich der Aufbringung der Kosten ist die in § 29 gegebene Bestimmung in Hinblick auf die in § 10 gegebenen nicht ganz konsequent. Während nach letzterer die Kosten eines Gesammtarmenverbandes nach Maßgabe der vollen Klassen- und Einkommensteuer und der halben Grund-, Gebäude- und Gewerbesteuer auf die zugehörigen Gemeinden und Gutsbezirke vertheilt werden sollen, legt § 29 der Repartition der Landarmenbeiträge auf die Kreise die gesammten direkten Steuern zu Grunde. Am Zutreffendsten wird hier der allgemeine Maßstab für Gemeinde-, Kreis- und Provinzial-Lasten, sowohl für die Repartition als für die Subrepartition zur Anwendung gebracht werden können.

4) Die Verwaltung der Polizei hat den hauptsächlichen Anstoß zu der Absicht gegeben, die naturgemäße Gliederung unserer Organisation zu verlassen und neue Organe in dieselbe einzuschieben, die an Stelle der in Wegfall kommenden gutsherrlichen Polizei die Verwaltung derselben übernehmen sollten. Der Grund dieser Tendenz ist in der

*) Ges. v. 8. März 1871 §§ 31 u. 32.

**) §§ 60. u. 61. Der Kreisordnungs-Entw. übertrug in § 112. Nr. I 1 diese Entscheidungen dem Kreisausschusse wenigstens insoweit, als es sich um Streitigkeiten zwischen Ortsarmenverbänden des Kreises handelte.

***) Solche Regelungen sind bereits angebahnt für Altpommern, Posen, den R.-B. Kassel und die Stadt Frankfurt a. M. durch die Verordnungen v. 29. Juli 1871 (G.-S. S. 321, 329, 323 und 324) f. Hannover durch V. v. 1. Aug. 1871 (G.-S. S. 325), f. Schlesien v. 16. Aug. 1871. (G.-S. S. 345).

unklaren Auffassung des Wesens der **Ortspolizei** zu suchen, vermöge deren man die letztere der Landespolizei gegenübergestellt und mit Funktionen betraut hat, deren Bedeutung über die Grenzen eines Ortes hinausragten und die ihrer Natur nach von den in den Orten vorhandenen Organen nicht füglich wahrgenommen werden konnten*). Wird durch Ausscheidung dieser Funktionen der Begriff der Ortspolizei in seine eigentlichen Grenzen zurückgeführt, so fällt sie ganz naturgemäß den Organen der Gemeinden zu. — In Deutschland war sie stets Sache der Gemeinden**) und ist es ihrem Wesen nach noch jetzt. Schon der Name weist darauf hin, daß sie nur am Orte selbst gehandhabt werden kann. Nur hier ist die genaue Kenntniß der Oertlichkeit gegeben, auf der sie beruht, nur hier das unmittelbarste Eingreifen möglich, das sie in zahlreichen Fällen erfordert. Je weiter sich dagegen die Ortspolizei von der Ortsgemeinde entfernt, in um so größerem Umfange werden die Funktionen derselben ganz von selbst wieder auf dieselbe zurückfallen. Die Polizeiverwaltung läßt sich aus dem natürlichen Zusammenhange, in dem sie mit der gesammten Verwaltung steht (oben S. 16), nicht herauslösen und es würde dem Grundsatze freier Selbstverwaltung direkt widersprechen, wenn man dies Gebiet der Gemeinde ganz entziehen und als staatliche Domäne in Anspruch nehmen wollte. Wer wahrhafte Selbstverwaltung will, muß sie auf allen Gebieten wollen und dabei inne werden, daß jeder Organismus berufen ist, sein eignes Leben aus eigner Kraft zu führen, ja selbst die vorhandenen Unvollkommenheiten aus eigener Kraft zu überwinden. Diese Kraft wird mit den Aufgaben wachsen, durch Entziehung der letzteren dagegen von vornherein lahm gelegt.

Es fehlt ferner an jedem inneren Grunde zu einer verschiedenartigen Behandlung der Stadt- und Landgemeinden in Ansehung der Ortspolizei. Der Unterschied zwischen beiden besteht nur darin, daß hier die Flur-Ordnung in den Vordergrund, das Gewerbewesen dagegen zurücktritt, und daß die Verhältnisse im Allgemeinen einfacher, und Vorkehrungen, die durch enges Beisammenwohnen und eine zahlreiche fluktuirende Bevölkerung nöthig werden, größtentheils entbehrlich sind. Dem entsprechen auch geringere Kräfte und Hülfsmittel. Es wird vielleicht in Land- und kleinen Stadt-Gemeinden sich öfter Veranlassung

---

*) Vgl. Förstemann, Principien des Preuß. Polizeirechts (Berlin b. Hempel 1869) S. 78.

**) Dies wird von Schriftstellern der verschiedensten Richtung ausgesprochen. Bluntschli, Staats-R. XI. Kap. 4 Nr. 4; Dahlmann, Politik § 248; Stahl, Staatslehre § 4; Zachariä, Staats- und Bundesrecht I. § 107. Nr. III.

bieten, gegenüber einer kraftlosen und nachlässigen Ortspolizei das Aufsichtsrecht geltend zu machen: zu einer völligen Entziehung ist aber ein Grund in diesen Verhältnissen in keiner Weise zu finden.

Die eigentliche Ortspolizei fällt also den Gemeinden zu, der die zur Erfüllung dieser Aufgabe erforderlichen Mittel gewährt werden müssen*), die aber auch, insoweit ihre Kräfte nicht ausreichen, hier wie auf andern Gebieten durch die ergänzende Thätigkeit des Kreises gefördert und gestützt werden muß.

Der Landrath hat insbesondere die Ortsbehörde zur Erfüllung der Pflichten als Polizeibehörde anzuhalten, mit der Befugniß, nöthigen Falls selbst für dieselbe einzutreten. Letzteres muß namentlich in den Fällen geschehen, wo die Ortsbehörde persönlich betheiligt erscheint**).

In dieser naturgemäß einfachen und dabei den Grundsätzen freiester Selbstverwaltung entsprechenden Ordnung hat die Frage sowohl in mehreren unserer eigenen Provinzen als in den meisten übrigen deutschen Staaten ohne kostspielige Zwischeninstanzen ihre völlig befriedigende Lösung gefunden***). Wo die Polizeiverwaltung in dieser Form zur Zeit den Anforderungen noch nicht genügt, kann der Grund nur darin gefunden werden, daß die Gemeinde nicht organisirt oder der Kreis in

---

*) Vgl. oben S. 35.

**) Dies entspricht durchaus der bestehenden Praxis und findet sich in vielen Fällen direkt ausgesprochen, so in der Feld-Pol.-O. v. 1. Nov. 1847 (G.-S. S. 376) § 57., im Ges. wegen der Dienstpflichten des Gesindes 2c. v. 24. April 1854 (G.-S. S. 214) § 1.; in der früheren Gew.-O. v. 17. Jan. 1845 (G.-S. S. 41) § 34.; in der Brandenb. Bau-Polizei-Ordnung v. 11. Okt. 1847 (Min.-Bl. 1848 S. 7) § 3. u. A.

***) Hannover hat seine Vogtsverwaltung glücklich überwunden; hier wie in Kurhessen und Nassau liegt die Ortspolizei dem Wesen nach in der Hand der Gemeinde. Hannov. Landgem.-G. v. 28. April 1859 § 69. Vgl. auch die in der Hann. G.-S. 1852 unter II. S. 25 gegebene Entwickelung; Kurhess. Gem.-O. v. 23. Okt. 1834 § 61. Nass. Gem.-O. v. 26. Juli 1854 §§ 2. u. 18.

Analog bestimmt d. Sigmaring. Gemeindeges. v. 6. Juni 1840 § 38.

Auch in den östlichen Provinzen haben sich thatsächlich die Verhältnisse überall, wo eine gutsherrliche Polizeiverwaltung nicht vorhanden war, ähnlich gebildet, z. B. in verschiedenen Theilen der Prov. Sachsen, in Neuvorpommern. Das Obertribunal sieht sogar in solchen Fällen den Schulzen als Ortspolizeiobrigkeit an. Erk. v. 8. Febr. 1854 (Striethorst-Archiv 12. 123). Uebrigens darf es nicht befremden, wenn die Ortspolizei bald als vom Landrath mit Hülfe der Ortsvorsteher, bald als von den Ortsvorstehern unter Aufsicht des Landraths verwaltet bezeichnet wird. Der letztere Ausdruck ist der richtigere und wird in der Regel mit ausgedehnteren formellen Befugnissen für den Ortsvorsteher verbunden sein. Materiell wird die Natur der Sache den Ortsvorstehern in beiden Fällen ziemlich dieselben Funktionen zuweisen.

seiner gegenwärtigen Ausdehnung nicht in der Lage war, die ihm obliegende ergänzende Thätigkeit eintreten zu lassen. In beiden Richtungen wird die Organisation Abhülfe schaffen.

Wesentlich erleichtert wird die Regelung dadurch, daß diejenigen Zweige der Polizeiverwaltung als Kreispolizei ganz ausgeschieden werden, die entweder ihrer Natur nach über den Bereich der einzelnen Ortsgemeinde hinausreichen (größere Wasserzüge und Kommunikationsanstalten, sanitätspolizeiliche Maßregeln, Medicinalanstalten u. dergl.) oder besonders technische oder rechtliche Erwägungen voraussetzen, zu welchen den Gemeindeorganen Befähigung und Hülfsmittel abgehen (Stau- und Dampfkesselanlagen, Concessionen, Polizeiverordnungen u. dergl.)

Die Kreispolizei muß von den Organen des Kreises wahrgenommen werden und zwar die Executive vom Landrath unter entsprechender Assistenz der einzelnen Ausschußmitglieder (oben S. 66), die Jurisdiction vom Kreisausschuß.

Nach diesen Gesichtspunkten würde die allgemeine Sicherheits- und Gesundheitspolizei dem Wesen nach zur Kreispolizei gehören, während Ordnungs- und Sitten-, Bau- und Feuer- und Feldpolizei zunächst der Gemeinde zufallen, und die Gebiete der Wasser-, Wege- und Gewerbe-Polizei als gemischte zu betrachten sein werden.

Im Einzelnen würde, im Anschluß an die bisherige Praxis und unter Beachtung der obwaltenden Bedürfnisse, das Verhältniß sich regeln wie folgt:

a) Auf dem Gebiet der allgemeinen Polizeiverwaltung wird die Stellung der Gendarmerie nicht wesentlich verändert. Sie bleiben Organe des Landraths, der sie bei Unterstützung der polizeilichen Thätigkeit der Ortsvorsteher in zweckmäßigster Weise wird verwenden können.*)

Das Recht der Polizeibehörden zum Erlaß von Polizeiverordnungen ist von weittragendster Bedeutung: die persönliche Freiheit darf nicht um eines speciellen, vielleicht ganz vorübergehenden Bedürfnisses willen über das Maß des Nothwendigen hinaus eingeschränkt werden. Die große Fruchtbarkeit, die dem gegenüber die Polizeibehörden auf diesem Gebiet entwickelt haben und das bunte Gewirr der sich in localer wie in sachlicher Beziehung vielfach durchkreuzenden polizeilichen Vorschriften machen es dringend nothwendig, diese Befugniß in jeder

*) V. v. 30. Dec. 1820 (G.-S. 1821 S. 1) § 17. und V. v. 23. Mai 1867 (G.-S. S. 777) § 21.

zulässigen Weise zu erschweren. Die Frage, ob dies in materieller Beziehung thunlich sei, liegt außerhalb der Grenzen dieser Darstellung. Dagegen wird in Verbindung mit der Reorganisation die Geltung der Polizeiverordnungen allgemein von dem Beschlusse der Kreisinstanz abhängig gemacht werden können, da diese für eine gründliche sachgemäße Erwägung jedenfalls eine größere Gewähr bietet als die Lokalbehörde.

Von den Polizeiverordnungen sind die Polizeiverfügungen zu trennen, welche nicht neue Normen schaffen, sondern nur die Anwendung einer bestehenden Vorschrift auf einen einzelnen Fall bezwecken. Diese sind auf dem Gebiete der Ortspolizei unbedenklich von der Gemeindebehörde zu erlassen. Wenn z. B. das Betreten eines verbotenen Weges im Gesetze mit Strafe bedroht wird, so steht das Verbot eines nur für die Gemeinde in Betracht kommenden Weges auch der Ortsbehörde zu.

Der polizeilichen Execution ist schon oben (S. 35) gedacht.

Das Recht der vorläufigen Straffestsetzung würde, je nachdem es sich um ein Gebiet der Orts- oder Kreispolizei handelt, dem Ortsvorsteher oder Landrath zufallen.*)

Nach dem gleichen Grundsatz würden die Nutzungen und Kosten der Polizeiverwaltung entweder der Gemeinde oder dem Kreise zufallen. Letzteres würde insbesondere entsprechend dem oben (S. 80) ausgesprochenen Princip in Bezug auf Maßregeln der allgemeinen Sicherheits- oder der Gesundheits-Polizei (Impfwesen, Absperrungen und Desinfectionen bei Seuchen u. dgl.) der Fall sein. Daneben bliebe es dem Kreise überlassen, nach Befinden in dem oben (S. 49 u. 50) erwähnten Sinne zu den Polizeikosten der Gemeinden zuzuschießen, z. B. beim Feuerlöschwesen.

b) Die allgemeine Sicherheitspolizei umfaßt das Einschreiten bei gefährlichen Ereignissen, Tumult, Feuersbrünsten**) oder Wassersgefahr; die Aufsicht über Vereine, Presse und Fremdenverkehr; die Ertheilung von Legitimationspapieren (Pässen, Gewerbescheinen, Jagdscheinen), die Verfolgung und Beaufsichtigung der Vagabonden und Verbrecher.

---

*) Dies entspricht dem in § 1. des Ges. v. 14. Mai 1852 (G.-S. S. 245) ausgesprochenen Grundsatz. In diesem Sinne war bereits nach den bisherigen Vorschriften der Landrath in Chausseepolizeisachen kompetent. S. Rescr. v. 13. Dec. 1859 (Min.-Bl. S. 336).

**) Daß in dieser Beziehung sich das Institut von Feuerkommissarien vielfach bewährt hat, ist schon oben (S. 66) erwähnt.

Dies Gebiet fällt, wie erwähnt, dem Landrath zu, der, weil er die erforderlichen Maßregeln auf einen größeren Bezirk auszudehnen vermag und überall die Gendarmen als Organe zur Disposition hat, im Allgemeinen viel wirksamer wird auftreten können, als eine auf einen engeren Bezirk beschränkte Polizeibehörde. Die Ortsbehörde hat indeß alle ein sofortiges Einschreiten bedingenden Maßregeln vorläufig anzuordnen, die unter polizeilicher Aufsicht stehenden Personen zu beaufsichtigen und die an sie ergehenden Requisitionen der Staats- und Polizei-Anwaltschaft zu erledigen.*) Die letzteren werden, wo es sich um generelle, mehrere Orte umfassende Nachforschungen handelt, an den Landrath, anderenfalls insbesondere, wo nur die Auskunft über bestimmte Personen in Frage steht, direct an den Gemeindevorsteher zu richten sein.

Der Kreis muß ferner an den geeigneten Orten, etwa an den Gendarmeriestationsorten, für Polizeigefängnisse sorgen; auch hier erscheinen die Kräfte der Einzelgemeinden unzureichend.

c) In ganz gleicher Weise qualificirt sich durch die Nothwendigkeit allgemeiner polizeilicher Maßregeln die Gesundheitspolizei als Kreispolizei. Die Ortsbehörde ist auch hier insbesondere beim Ausbruch ansteckender Krankheiten auf den Erlaß vorläufiger Anordnungen beschränkt. Die Kontrolle über Medicinalpersonen und Medicinalanstalten kann gleichfalls wegen ihrer ausgedehnteren Bedeutung und des Erfordernisses technischer Erwägungen nur von der Kreisbehörde wahrgenommen werden; diese Geschäfte können ihr aber auch unbedenklich in den Fällen übertragen werden, wo sie zur Zeit noch von den Regierungen besorgt werden.

d) Die Sitten- und Ordnungspolizei, insbesondere die Aufsicht über Lustbarkeiten, Gastwirthschaften, die Straßen- und Marktpolizei, das Gesindewesen sind Sache der Gemeinde. In letzterer Beziehung kann über Streitigkeiten in ähnlicher Weise von der Ortsbehörde die vorläufige Entscheidung getroffen werden, wie solches durch § 108 der Gewerbe-Ordnung vom 21. Juni 1869 in Bezug auf Gesellen, Gehülfen und Lehrlinge vorgeschrieben ist.

e) Hieran schließt sich die Baupolizei. Auch diese ist ihrem Wesen nach Ortspolizei und wird nur insoweit die Mitwirkung der Kreisbehörde in Anspruch nehmen, als das Interesse durchgehender Verkehrsstraßen concurrirt oder technische Erwägungen in Frage kommen (große Feuerungsanlagen, Retablissementspläne, Dispensationen von

*) In diesem Sinne bestimmen auch §§ 27. u. 28. des Kreisordnungs-Entwurfs.

feuerpolizeilichen Anordnungen) oder endlich die Ortsbehörde selbst interessirt ist.

f) Ganz gleiche Rücksichten walten bei der Feldpolizei ob; auch diese ist recht eigentlich Gemeindesache und in den verschiedensten Gesetzgebungen den Ortsvorstehern bereits im vollsten Umfange übertragen.*)

g) Auf dem Gebiete der Wasserpolizei ist das gesammte erstinstanzliche Verfahren bei Ent- und Bewässerungen und Stauanlagen Sache des Landraths, während die Entscheidung der dabei unterlaufenden Streitpunkte vom Kreisausschuß zu treffen ist.**)

Die Aufsicht über Offenhaltung der Wasserabzüge fällt, wo es sich um größere den Abfluß für mehrere Gemeinden vermittelnde Flüsse und Gräben handelt, dem Kreise, übrigens der Gemeinde zu.

h) Die Wegepolizei wird auf Gemeindewegen von der Gemeinde-, auf Chausseen und Kreisstraßen von der Kreis-Behörde gehandhabt.***)

i) In der Gewerbepolizei erfolgt die Entscheidung in Bezug auf Errichtung und Veränderung gewerblicher Anlagen durch den Kreisausschuß.†)

In ähnlicher Weise würde bezüglich der §§ 29—34 der Gewerbe-Ordnung erforderten Concessionen vorbehaltlich der vor den besonderen Prüfungs-Commissionen etwa abzulegenden Prüfungen, sowie bezüglich der Ertheilung der Legitimationsscheine für den Gewerbebetrieb im Umherziehen mit Ausnahme etwa der § 59 bezeichneten Gewerbe die Competenz der Kreisinstanz einzutreten haben.††) Wenn die Versagung nur auf Grund einer Entscheidung des Kreisausschusses erfolgt, so würde

*) So im Hannov. Gemeindegesetz v. 28. April 1859 §§ 69. ff. Auch nach der Preuß. Feld.-Pol.-O. v. 1. Nov. 1847 (G.-S. S. 376) § 72. kann die Regierung unbeschadet des Bestehens einer besonderen Ortspolizeibehörde die Verwaltung der Feldpolizei dem Ortsvorstande ganz oder theilweise auftragen.

**) Auf diesen Grundsätzen beruht § 112. Nr. III. des Kreisordnungs-Entw.

***) Vgl. oben Anm. ** auf S. 89.

†) Gew.-O. v. 21. Juni 1869 (B.-G.-B. S. 245) §§ 16.—25. Dies bestimmt auch der Kreisordnungs-Entwurf in § 112. Nr. V.

††) Diese Veränderung würde eine Modifikation des § 58. der Gew.-O. bedingen. Eine solche erscheint indessen unerläßlich, wenn man bedenkt, wie massenhaft die damit den höheren Verwaltungsbehörden aufgebürdeten Entscheidungen sind, und wie wenig dieselben bei ihrer Einfachheit und untergeordneten Bedeutung der Stellung einer solchen Behörde entsprechen. Die Vorschrift einer 14tägigen Frist, für Ertheilung oder Versagung des Legitimationsscheines (§ 57.), ist bei dem gegenwärtigen Kompetenzverhältniß meistens gar nicht durchführbar.

damit dem Erforderniß kollegialer Entscheidung (§§ 21, 40 u. 57) überall bereits in erster Instanz genügt.

5) Auf dem Gebiet der Wohlfahrtspflege haben vielfach Genossenschaften und Vereine eine hervorragende Bedeutung erlangt. Wie der Staat, so muß auch Kreis und Gemeinde jedes Element freier genossenschaftlicher Vereinigung, das nicht störend in ihr eigenes Leben eingreift, schonen und gewähren lassen, nach Umständen auch fördern und stützen. Wo die Genossenschaft genügt, ist das Gebiet der Wirksamkeit der öffentlichen Verbände ganz entrückt; wo sie dessen bedarf, muß ihr dagegen Anlehnung gestattet werden; wo sie ganz versagt, fällt der Gegenstand der Fürsorge des Verbandes zu. Nach diesen Grundsätzen bestimmt sich die Thätigkeit der Provinzen, Kreise und Gemeinden auf dem Gebiete der Landwirthschaft, der Gewerbe und des Verkehrs, hiernach bemißt sich das Verhältniß, in dem sie zu gewerblichen und landwirthschaftlichen Vereinen, Entwässerungssocietäten, Spar- und öffentlichen Unterstützungskassen u. dgl. stehen. Auch für die Provinz bietet sich hier ein ausgiebiges Feld der Thätigkeit, wie ein Hinweis auf die vorhandenen Creditinstitute, Hülfskassen, Provinzialfeuersocietäten, Meliorationsfonds u. dgl. am Besten beweisen.*)

Die hervorragendste Rolle spielt auf diesem Gebiete der Wegebau. Für diesen ist schon jetzt die Selbstverwaltung vielfach thätig gewesen, eine bestimmtere Organisation derselben kann ihm nur wesentlich zu Statten kommen.

Die Staatschausseen werden, wie bereits angedeutet, ganz den Provinzen überwiesen werden können und dadurch dem Begriffe nach in der Regel mit den Bezirks- und Provinzialstraßen**) zusammenfallen.

Alle übrigen Wege sind zwar zunächst von der Gemeinde zu unterhalten. Eine thätige Mitwirkung von Provinz und Kreis in dem oben (S. 49 u. 50) bezeichneten Sinne ist aber hier durchaus unerläßlich. Die Beihülfen sind nach der größeren oder geringeren Bedeutung des betreffenden Weges für den allgemeinen Verkehr, nach der Art seines Ausbaues und nach der eigenen Leistungsfähigkeit des Verbandes abzustufen. Wo die Verkehrsverhältnisse es mit sich bringen, muß die Kreisbeihülfe zur vollständigen Uebernahme der betreffenden Wege als

---

*) Vgl. oben S. 72.

**) Dergleichen bestehen in Posen (V. v. 21. Juli 1843 Min.-Bl. S. 248); in der Rheinprovinz (Regul. v. 17. Dec. 1855 das. 250) und im Herzogthum Westphalen (vgl. Erl. v. 16. Nov. 1850 G.-S. 1851 S. 1). Die Prov. Preußen besitzt einen besonderen Prämien-Fonds (Regul. v. 1. Juli 1854 Min.-Bl. S. 238).

Kreisstraßen gesteigert werden. Die Provinz kann durch höhere Prämiensätze zu solcher Uebernahme wirksam anregen.*)

Kreis- und Gemeinde-Ordnung schaffen demnach feste Verbände für Aufbringung der zum Wegebau erforderlichen Mittel, sie schaffen aber zugleich kräftige selbstthätige Organe, die zur Verwaltung des Wegewesens geeignet und zur Entscheidung der dabei vorkommenden Streitigkeiten befähigt erscheinen. Wie für das Schulwesen, so werden auch für die Wege-Ordnung in der Organisation feste Anhalts- und Ausgangspunkte gewonnen und es wird durch sie eine Gesetzgebung zum Abschluß gebracht werden können, an der wir seit mehr als einem halben Jahrhundert vergeblich gearbeitet haben.

Man mag nicht glauben, daß in den vorstehenden Organisationen Ideale verfolgt werden. Was hier entworfen, mag für manche Theile unseres Vaterlandes ein Zukunftsgemälde sein: es ist darum kein Phantasiegemälde. In der einen oder anderen Form in größerem oder geringerem Umfange hat Alles bereits irgendwo festen Boden und praktische Gestalt gewonnen. Das darf uns die Ueberzeugung gewähren, daß, wenn sich der Durchführung der Selbstverwaltung noch Schwierigkeiten in den Weg stellen werden, es doch bei dem gesunden Sinn unseres Volkes einer sachgemäß angelegten und durchgeführten Organisation gelingen wird, über dieselben hinweg zu gelangen.

Ueber den Umfang und die Bedeutung dieser Schwierigkeiten dürfen wir uns freilich nicht täuschen. Es bedarf zu ihrer Ueberwindung ebenso sehr der Energie des Willens wie der Unbefangenheit des Urtheils. Wenn aber in diesem Sinne alle Parteien an die Frage herantreten, wenn vor der hohen Bedeutung der Sache alle speciellen Bedenken, alle persönlichen Wünsche zurückgedrängt werden, dann wird sicher das Ziel erreicht, das Reorganisationswerk zum befriedigenden Abschluß gebracht werden.

---

*) Wie sehr eine so mannigfaltige, überall den verschiedenartigen Bedürfnissen sich anpassende Einwirkung grade für die Selbstverwaltungskörper geeignet ist und welche bedeutenden Erfolge sie zu erzielen vermag, ließe an einer Reihe von Beispielen sich nachweisen. Am bezeichnendsten dürften die Resultate sprechen, die die Verwaltung des Hannover'schen Provinzial-Fonds in der kurzen Zeit ihres Bestehens aufzuweisen hat. Verwaltungsbericht über die Jahre 1869/70 v. 21. Juni 1871 S. 7 und 8.

Aus weit schwierigerer Lage, aus seinem tiefsten Verfall haben seiner Zeit unsere großen Staatsmänner den Preußischen Staat emporgehoben. Wenn uns gleiche Gedanken beseelen, wenn wir im vollen Bewußtsein und Verständniß Preußischen Berufes und Preußischer Geschichte ans Werk gehen, dann kann auch uns der Erfolg nicht fehlen, dann dürfen auch wir der Erwartung uns hingeben, daß unser Vaterland nach der glänzenden Entfaltung seiner Kraft nach Außen sich in gleicher Weise emporheben werde zum leuchtenden Vorbild durch seine glückliche nnd gesegnete Entwickelung im Innern.

Buchdruckerei von Gustav Lange (Otto Lange) in Berlin, Friedrichsstr. 103.

GPSR Compliance

The European Union's (EU) General Product Safety Regulation (GPSR) is a set of rules that requires consumer products to be safe and our obligations to ensure this.

If you have any concerns about our products, you can contact us on ProductSafety@springernature.com

In case Publisher is established outside the EU, the EU authorized representative is:

Springer Nature Customer Service Center GmbH
Europaplatz 3
69115 Heidelberg, Germany

Batch number: 10844655

Printed by Printforce, the Netherlands